公司法原理

GONGSIFA　YUANLI

王燕军　著

嶺南美術出版社

图书在版编目（CIP）数据

公司法原理 / 王燕军著. —广州：岭南美术出版社，2011.8
ISBN 978-7-5362-4705-5

Ⅰ. ①公… Ⅱ. ①王… Ⅲ. ①公司法—法的理论—中国Ⅳ. ①D922.291.911

中国版本图书馆CIP数据核字(2011)第162461号

责任编辑：陈展东　罗文轩
责任技编：陆建豪　钟智燕

公司法原理

出版、总发行：岭南美术出版社（网址：www.lnysw.net）
（广州市文德北路170号3楼　邮编：510045）
经　　销：全国新华书店
印　　刷：东莞市信誉印刷有限公司
版　　次：2011年8月第1版
2016年1月第3次印刷
开　　本：787mm×1092mm　1/16
印　　张：14.5
印　　数：4501—4700册
ISBN 978-7-5362-4705-5

定　　价：26.00元

代　序

这是一本很不错的书，值得一读。

本书作者是潜心从事商法教学十余载的教师，又有多年从事兼职律师的经历。两者的结合，才有了理论阐释与实务分析并重的《公司法原理》。

中国公司法律制度的形成并不断完善的历程，是具有中国特色的社会主义市场经济体制逐步建立的缩影。《公司法》自1993年诞生起，一直伴随着中国改革开放的深入而不断完善，于是有了1999年、2004年、2005年的三次修订。基于司法审判的需要，最高人民法院也出台了多个司法解释。加上涉及《公司法》的行政法规、部门规章，公司法律体系在不断完善的同时，也显得较为繁杂，给学习者、研究者和实务工作者都带来一定程度的不便。整合现有法律规定，系统介绍《公司法》理论，针对现实生活中的典型案例分析《公司法》的适用，十分必要。

本书是作者多年辛勤耕耘、潜心研究的科研成果，是既有理论深度又紧密联系我国公司实践的一部研究《公司法》的力作。该书的特色是：首先，内容具有新颖性，作者关注我国《公司法》最新立法动态，将我国《公司法》司法解释（一）、（二）、（三）和《公司法》司法解释（四）的征求意见稿的精神融入了本书相关章节中；其次，本书深入浅出，简练透彻，重点阐述《公司法》的基本原理和基本制度，是学习《公司法》的一本很好的参考读物；最后，本书紧扣法条，理论联系实际，具有较强的实用性，能够帮助学习者在介入实务的过程中尽快上手，达到学以致用的效果。

我与该书作者王燕军先生相识多年，每每从他的著述中获取灵感。如今他的又一本大作即将面世，邀我为之作序。我深知作者才是《公司法》研究领域的专家，我不过略知一二。但盛情难却，只好涂鸦几笔。若读者能从中受益，不枉作者多年的心血。

许山平

2010年6月

目录
MU LU

目录
MU LU

目录
MU LU

目录
MU LU

第一章

绪　论

XU　LUN

第一节　公司概述

一、公司的概念

（一）公司的概念

从词源学的角度来分析，“公”有公家、公众、公事的意思，与“私”相对，如公仆、公物、夙夜在公等；“司”有掌管、主持的意思，司者，主也，如司令、司仪、司机、司炉等，也指古代官署的名称，如“唐宋以后尚书省各部所属有司”。（《汉语大字典》，1992 年第一版）为什么“公司”这样一个有官府、衙门含义的词汇却成了英文“COMPANY”的翻译？根据方流芳教授的考证，公司的称谓由“公班衙”一词转化而来，是当时清政府对英国享有独占对华贸易的东印度公司的称呼，原因是清政府认为该公司在商务活动方面是代表英国政府的，带有官方性质，故有此名。也有学者认为“公司”一词是郑成功政权与荷兰殖民者交往过程中首先提出的，但这一说法欠缺翔实史料的支撑。

《中华人民共和国公司法》（以下简称《公司法》）第二条及第三条规定：“本法所称公司是指依照本法在中国境内设立的有限责任公司和股份有限公司。”“公司是企业法人，有独立的法人财产，享有法人财产权。公司以其全部财产对公司的债务承担责任。有限责任公司的股东以其认缴的出资额为限对公司承担责任；股份有限公司的股东以其认购的股份为限对公司承担责任。”根据上述规定，我国的公司是指依照我国《公司法》设立的，股东以其出资额或股份对公司承担有限责任的企业法人。我国的公司分为有限责任公司和股份有限公司两种类型。

（二）公司的法律特征

1. 公司是具有独立人格的商事组织。人格一词来源于罗马法，所谓人格，是指民事权利主体的资格。公司具有独立人格首先意味着公司设立成功后，就与其股东的人格相分离，成为一个完全独立的实体，不能将公司与其股东混为一谈；其次公司具有独立人格意味着公司能够以自己的名义，从事商事经营活动，对外独立承担民商事法律责任。公司对外承担法律责任的基础是具有自己独立的财产，因此我国《公司法》明确规定公司享有的法人财产权，与公司股东享有资产收益、参与重大决策和选择管理者等股东权益是相分离的。

2. 公司是以营利为目的的企业法人。营利性是公司作为商事组织的本质属性，营利性要求公司要以尽可能小的投入获取最大限度的利益，公司存在的首要目的就是要促进公司资产的保值与增值，实现公司及其股东利益的最大化。我国《公司法》规定公司的利益受法律保护，不受侵犯。但公司从事经营活动，追逐利润的同时，也必须遵守法律、行政法规，遵守社会公德、商业道德，诚实守信，接受政府和社会公众的监督，承担社会责任。

3. 公司是依法成立的企业组织。依法成立主要包括两大方面的要求：第一，公司成立应当具备我国《公司法》所规定的实质条件。比如设立有限责任公司首先要达到我国《公司法》所规定的最低出资限额，股东人数不得超过 50 人等。第二，公司成立必须遵循我国《公司法》所规定的程序，履行相关的法律手续。我国《公司法》第六条规定："设立公司，应当依法向公司登记机关申请设立登记，符合本法规定的设立条件的，由公司登记机关分别登记为有限责任公司或者股份有限公司；法律、行政法规规定设立公司必须报经批准的，应当在公司登记前依法办理批准手续。"

二、公司的种类

（一）有限责任公司与股份有限公司

根据我国《公司法》的规定可以将公司分为有限责任公司和股份有限公司两类。这也就是我们通常所说的法定分类。

有限责任公司是指依《公司法》设立的，股东以其出资额为限对公司承担责任，公司以其全部资产对公司债务承担责任的企业法人。有限责任公司起源于 19 世纪的德国。有限责任公司具有如下几个方面的特色：股东对公司债务承担有限责任，这是有限责任公司在今天获得长足发展的重要原因。有限责任公司要以其全部法人财产对公司债务承担责任，公司股东仅以出资额为限对公司债权人承担间接有限的清偿责任。有限责任公司的股东可以是自然人，也可以是法人，但股东人数按照我国《公司法》的要求不得超过 50 人。有限责任公司的股权不能公开募集并自由转让。股东拥有能够证明自己股份的权利证书（出资证明书），并按所持有的股份额行使股东权利，但有限责任公司的股权并不能像股份有限公司的股票一样，可以在资本市场自由流通。有限责任公司的股东出资的转让受到了严格的限制。有限责任公司带有一定人合公司的性质，设立比较简便，组织机构比较简单。有限责任公司代理成本、内部监督成本较低，决策比较灵活，对市场反应比较迅速，是中小型企业的理想组织形式，在市场经济中发挥着巨大的作用。

股份有限公司是指公司全部资本划分为等额股份，股东以其所持有的股份额对公司承担责任，公司以其全部资产对公司债务承担清偿责任的企业法人。股份有限公司具有如下几个方面的特征：股东以其所拥有的股份额对公司债务承担有限责任，在这一点上股份有限公司与有限责任公司具有相似性；股份有限公司的资本划分为等额股份，股票（股份的凭证）向社会公开发行并自由转让，资本运营具有社会性与公开性，这一点是股份有限公司与有限责任公司的重要区别；与有限责任公司相比，股份有限公司的设立条件、程序都更为严格，注册资本要求更高，当然社会影响力也更大。

（二）人合公司、资合公司和两合公司

这是根据公司信用标准不同，在学理上所作的分类。公司作为商事主体同自然人一样，在从事经营活动时必须具有一定的信用。以股东的信用作为公司信用基础的，是人合公司；以公司所拥有的资产为基础的，为资合公司。

人合公司对外承担责任的信用实际上是以股东的人格对公司信用的担保。人合公司具有如下特征：第一，股东以其所拥有的全部财产对公司债务承担连带赔偿责任。因此，人合公司不强调公司资产，而关注股东的实力和信用，股东的信用决定了公司对外承担责任的能力。第二，人合公司股东之间互负无限连带赔偿责任，股东之间的信任就显得极为重要了。无限责任公司是典型的人合公司，实际上人合公司和我国的合伙企业并没有本质上的区别。

资合公司对外承担责任的能力是由公司所拥有的净资产数额决定的，与股东的信用没有关系。资合公司具有如下特征：第一，由公司的全部净资产对公司的债务承担责任。公司资产数额与公司的信用成正比，股东的信用与公司的信用并无关系。第二，股东对公司债务承担有限责任，股东的责任以其对公司的投资额为限。第三，资合公司股东之间不承担连带责任，因此无须具备信任关系，甚至相互都可以不认识。股份有限公司是典型的资合公司。

既以公司股东的信用为基础，又以公司资产为信用基础的公司是两合公司。两合公司一般是指公司一部分股东承担连带责任，而另一部分股东又以其出资为限承担有限责任的情况。

（三）本国公司、外国公司和跨国公司

按公司国籍的不同，可将公司分为本国公司、外国公司和跨国公司。

本国公司是指一国按照本国《公司法》所规定的公司国籍标准，确定具有该国国籍的公司。外国公司是与本国公司相对应的概念，是指东道国（本国公司所在国）所确定的不具有东道国国籍，但可以在东道国从事商事活动的公司。一般来说，外国公司在东道国从事商事活动的只是该公司的分公司或分支机构。与本国公司、外国公司相关的一个概念是跨国公司。跨国公司是指在某一个国家设立，在多个国家或地区开设分公司或子公司开展业务活动的国际性营利组织。由于跨国公司涉及多国国籍，所以它也被称为多国公司。

（四）母公司与子公司

以公司的外部控制关系为标准，可以将公司分为母公司与子公司两类。

母公司是指拥有其他公司一定数量的股份，因此能够支配控制其他公司主要经营活动的公司。母公司是一种控制公司，有时又称控股公司。但实际上两者是有区别的。凡拥有另一公司的股份已达到控股程度并直接掌握其经营活动的公司，是控制公司；凡拥有另一公司的股份已达到控股程度但不直接参加公司业务活动的公司，则是控股公司。

子公司是指主要经营业务被另外一家公司实际控制、支配的公司。子公司具有独立的法人资格，对外可以独立地开展业务和承担责任。母公司一般情况下是以其所持有的股份对子公司的债务承担有限责任。母公司与子公司的关系实际上是大股东与公司的关系，如果母公司对子公司的控制使子公司丧失了独立的地位，司法机关就可以适用“法人人格否认制度”，要求母公司对子公司的债务承担无限责任。

（五）总公司与分公司

基于组织系统上的从属关系所作的分类，可以将公司分为总公司与分公司。

总公司又称本公司，是指在组织系统中处于支配和管理若干分支机构或部门的地位，具有独立法人资格的公司。分公司是相对于总公司而言的，分公司是指公司在其住所以外设立的，不具有企业法人资格，从事经营活动的机构。分公司是总公司的一个附属机构或业务部门，没有自己独立的财产和组织机构，而只有业务管理人，因此分公司活动的后果将全部由总公司承受。

（六）多人公司与一人公司

根据公司股东数量，可以将公司分为多人公司和一人公司。

多人公司是指由两个以上（包括两个）的股东共同出资设立的公司。多人公司是传统《公司法》上的公司，是公司存在的常态、一般形式。一人公司是指由一个股东单独出资设立的公司。我国现行《公司法》规定了两种一人公司：一个自然人、法人设立的有限责任公司和国有独资公司。一人公司由于缺乏股东间的制衡机制，而明显不利于公司债权人利益的保护，所以各国在承认一人公司的同时，又对其作了许多限制性规定。如我国《公司法》就规定，一人有限责任公司的股东不能证明公司财产独立于股东自己的财产的，应当对公司债务承担连带责任。

有关公司分类的标准有很多，各个国家也有一定的差异。例如法国将公司分为民事公司和商事公司。民事公司是从事农业、采矿业、律师业、会计师业等活动的公司。民事公司的行为由民法典加以规范；商事公司是从事生产、销售、提供劳务等商事活动的公司。再比如，美国将公司分为封闭式公司和开放式公司，前者类似大陆法系国家的有限责任公司，后者类似于大陆法系国家的股份有限公司。

三、公司存在的价值

（一）公司制度，特别是股份有限公司可以有效地将社会资金转化为资本。马克思说过的这句话经常被人提及，“假如必须等待积累以使某些单个资本增长到能够修建铁路的程度，那么恐怕直到今天世界上还没有铁路，但是集中通过股份公司转瞬之间就把这件事完成了。”从古到今，资本都是相对比较稀缺的资源，特别是现代市场经济社会，人力资源（资本）相对过剩，人们对资本极度渴求。股份有限公司制度可以说是目前最有效率的融资工具，与其他融资工具相比，无论是在筹集资金的数量、资本募集范围，还是在融资安全性等方面都具有很大的优势。

（二）公司有限责任制度使投资者可以预测、控制自己的投资风险。这一点对普通投资者（中小投资者）是至关重要的，因为机构投资者或大投资者可以通过直接参与经营或聘请专业人士去控制、化解自己的投资风险。普通投资者如果要投资合伙等要承担无限连带责任的企业的话，他本人由于缺乏专业知识与技能，无法预计未来的经营风险，很可能就不敢将自己手中的资金投入到生产经营中去，而公司制度出现后，普通投资者无须参与企业的实际经营活动，而且只是以自己的出资额为限对公司承担责任，更何况证券市场的存在使得普通投资者可以很方便地成为公司的股东，这些将极大地提高普通投资者的投资热情。

（三）公司高度专业化管理制度可以更为有效地创造社会财富，推动社会经济的发展。公司制度发展到今天可以说已经形成了一整套产权明晰、权责分明、分工合理、合作高效、监督完备的科学管理体制，公司的高度专业化管理制度可以有效地降低公司成本、整合资源、减少内耗，从而可以比传统企业创造更多的利润，同时也为整个社会经济的稳定和繁荣创造了条件。

（四）公司制度对我国市场经济制度的建立和发展有着特殊意义。建立权属清晰、权责明确、保护到位、运营顺畅的现代产权制度，是市场经济存在和发展的基础，而公司制度是现代产权制度的重要组成部分之一。公司制度的确立可以在很大程度上消除过去计划体制下一些错误观念和做法的影响，使公司这种主要的商事主体能够吸收现代经营理念，更好地按市场经济价值规律从事生产经营。

（五）公司制度的建立和发展为解决生产经营、司法实务中的问题有着广泛的意义。因为公司制度与一般的企业组织有很大的差别，不断完善的公司制度可以为公司的行为提供明确的指引，最大限度避免未来可能发生的问题和麻烦。

第二节　公司法人人格否认制度

一、公司法人独立人格与法人人格否认制度的考察

公司作为现代企业制度的代表形式，其具有法律上的独立人格已广泛为法学理论界和司法实务界所普遍接受。公司这一法律上虚拟主体独立人格的内涵和外延在不同国家中的理解是有差异的，就我国而言，公司法人独立人格一般包括财产独立、意思独立、责任独立等方面内容。财产独立是指公司一旦依法成立，公司的财产和股东的财产即告分离，而且除非是公司解散等法定事由或公司章程规定情形外，股东只能转让，不得取回出资，我国《公司法》中有法人财产权和股东所有权的分类即是财产独立的反映；意思独立是指公司是以自己的名义，而不是以股东的名义自主从事民商事活动，公司追求的是公司利益最大化，而不单纯是股东利益最大化，名称独立也是意思独立的一部分，因为意思独立的前提是公司要拥有区别于其他公司的名称、组织机构和营业场所；责任独立是建立在财产独立、意思独立的基础上的，公司作为一个法律实体，作为法律的“拟制人”，一方面享受了自己行为的利益，必然要以自己的全部财产对自己行为所产生的法律后果承担全部责任，责任独立是公司独立人格的核心内容。公司责任独立是相对于股东而言的，我们讲公司的有限责任实际上是股东的有限责任，股东仅以自己的出资额为限对公司的债务承担责任。股东可以借此预测并控制自己的投资风险，可以说正是股东的有限责任使公司这种企业形式有了长足的发展。

毋庸置疑的是，公司对社会经济发展也有巨大推动作用，在前一节公司存在的意义中已经有了说明，这里就不赘述了。任何事物都有两面性，虽然形式上公司是与股东相分离，但公司，特别是有限责任公司毕竟是在股东或公司内部人的完全控制之下，在利益的驱动下，股东或公司内部人滥用公司法人独立人格，致使公司“空洞化”的事件时有发生，同时由于股东或公司内部人对公司债务并不负连带责任，结果导致公司债权人利益受到了很严重的侵害，而得不到救济，出现了大量的我们通常所说的“公司问题”。比如我国近年来房地产市场火爆，大的房地产公司急速扩张，成立项目子公司成为规避经营风险的重要手段，一旦地产市场逆转，房地产公司可以“壮士断臂”，蒙受巨大损失的将可能是购房者。法人人格否认制度正是各国解决“公司问题”的重要成果。

公司法人人格否认制度有人认为是发端于英国衡平法院 1668 年就 Edmunds 诉 Brown&Tiuid 一案所作的判决，也有人说是肇始于美国。在英美国家法人人格否认制度被形象地称为“揭开公司面纱”（lifting the corporation’sveil ）或“刺破公司面纱”（piercing the corporation’sveil）。在德国，公司法人人格否认常用“durchgriff”指称，字面的意思为“穿过而抓”，通常翻译为“直索”理论。在法国公司法上，公司法人人格否认的情形通常被称为“独立财产性的滥用或法人人格的滥用”。日本称其为“公司法人人格否认”，也有形象地称其为“透视”理论。[①] 各国公司法人人格否认制度的具体内容有一定的差异，但基本上各国对公司法人人格否认制度有一个共识：公司法人人格否认制度并非要彻底否认公司法人的独立人格，而是法人独立人格的补充，法人人格否认以法律规定的特定情形为限。在个案中即使否认了公司法人的独立人格，其效力也仅限于具体的法律关系，并不影响公司在其他法律关系中的独立人格。有学者因此提出公司法人人格否认制度其实名不副实，容易引发歧义，笔者认为可以将名称修正为公司法人人格个案否认制度可能会更符合其立法本意。（考虑到通说，以下仍然称公司法人人格否认制度）

二、公司法人人格否认的情形分析

公司法人人格否认制度，追求的是矫正偏离法人制度本身存在的忽视公司债权人利益的弊端，如果盲目地全盘引进适用，就会导致整个法人制度处于不稳定状态，也与创立人格否认制度的初衷相违背。一般认为公司法人人格否认制度的适用范围主要

---

① 郭升选．“公司人格否认”辩［J］．中国商法学精粹（2001 年卷），机械工业出版社．

包括以下几种情形：

（一）股东与公司的人格混同。公司和股东彻底分离是公司取得法人独立资格的前提，也是股东有限责任的法律基础。但实践中公司的大股东利用自己在公司中的优势地位谋求法外利益的情况十分普遍，如根据2004年年报的统计，我国上市公司的控股股东单是侵占上市公司的资金就高达509亿元，另外还有416亿元的违规担保。作为我国最优良资产代表的上市公司尚且如此，其他的公司就可想而知了。所以许多时候公司虽在法律上、名义上具有独立的人格，但公司实际上已沦为大股东谋取不法利益、逃避责任的工具了，股东与公司之间出现了严重的人格混同，在这种情况下很有必要追究躲在公司独立面纱后面的股东的责任。现实生活中，人格混同现象主要有下面几种：

1. 股东与公司的财产混同。拥有独立的财产是公司独立人格的基础，财产不分离，债务自然也无法单独剥离。我国《公司法》第六十四条明确规定："一人有限责任公司的股东不能证明公司财产独立于股东自己的财产的，应当对公司债务承担连带责任。"在此之前《海南省高级人民法院执行工作若干问题的暂行规定》第四十八条也有类似规定："几个公司的财产管理机构、银行存款账户、财务收支核算均未分开的，可视为这几个公司的法人人格混同，对其中任何公司的债务均可裁定其他公司负连带责任，并执行其财产。"公司与股东的资本或其他财产混合，易使公司财产被股东非法转移、侵占、私吞，从而使公司对外承担债务的能力减少直至丧失。在这种情况下，股东的不当得利正是来自公司债权人合法利益的损失，因此司法机关可以要求股东对公司债务承担个人责任。

2. 虚拟股东所导致的人格混同。虚拟股东是指为达到或规避法律对公司股东的要求，公司的实际控制者故意捏造出来的并不存在或不符合法律要求的公司股东。比如我国《公司法》虽然规定可以设立一人有限责任公司，但存在着诸多限制，一个可能的理性选择是至少由两个以上的股东出资设立有限公司。在现实生活中，我们会发现很多公司的股东是由夫妻、家庭成员、亲戚朋友组成的，其中很多还是空头股东，所以这些公司是实际上的"一人公司"，应当准用我国《公司法》第六十四条的规定。

3. 母子公司间的人格混同。我国《公司法》第十四条第二款规定："公司可以设立子公司，子公司具有法人资格，依法独立承担民事责任。"根据此规定母子公司都是独立的法人，相互间不存在连带责任。但子公司实际上是在母公司的控制之下，子公司虽系独立的法人实体，但如果没有自己独立的业务范围、组织机构和场所，或两者之间存在行政管理关系，那就很难保证其自身意志的独立性。如果查证属实的话，可依据诚实信用原则，否认子公司的独立人格，把子公司与母公司视为一体，由母公司对子公司的债权人承担连带赔偿责任。在我国由国有企业改制而成的集团公司特别容易出现此类问题。

（二）利用公司规避法律义务的情况。在美国历史上，出租汽车行业曾盛行同样的出资者注册多家出租汽车公司，但对每家公司投入较少资本的做法。如此操作，即可以利用出资者的各公司的独立人格，减轻车祸等意外事故给出资者造成的赔偿压力。此即利用公司规避法律责任的典型例子。规避法律责任是公司人格滥用所追求的直接目的，规避法律行为是指当事人通过隐蔽、间接的方法使某项强行法立法目的落空的行为。因为其对象是强行法，结果使体现社会整体利益的强行法失去规范作用，加之规避法律常常被认为有欺诈因素，因此在发生法律规避的情况下，就应排除当事人所要援用的法律的适用，而适用本应适用的法律。利用公司规避法律义务主要表现为股东利用新设公司或既存公司的法人人格，人为地改变强制性法律规范的适用前提，达到规范法律义务的真正目的，此种情况下，可将公司之行为视为隐藏于公司背后股东之行为，否认公司独立人格，阻止股东企图利用公司的法人人格规避法律以期获得逃避债务的目的。如法律规定雇工人数达到一定数量则要交纳相应税款，为了少交税，投资者把一个公司分设成数个公司，但在组织、营业内容上与之完全相同，公司因此逃避了依法纳税的义务，据此可否认其法人资格，而将几个公司视为一个公司，要求公司承担相应的纳税义务。再比如目前我国许多地方的外资、合资企业可以享有税收、政策等多方面的优惠待遇，不少内资企业就企图通过“假合资”的方式来得到这些优惠待遇。在这种情形下，可以否认企业的独立人格，而要求内资股东承担相应的法律义务。

（三）利用公司逃避合同义务的情形。现实生活中不法投资者利用公司独立人格以逃避公司契约义务的情形十分普遍。比如某国有公司已经资不抵债，但企业部分部门仍有盈利能力，这时公司控制者将公司的优良资产转移至新设公司中，而由只剩空壳的原公司承担所有债务，即脱壳经营现象。这种逃避债务的经营方式极大损害了正常的市场交易秩序，故应否认新设公司的独立人格，认定已转移财产仍为原公司所有；再比如不法投资人设立公司后，并不专心企业的经营管理，而是大量对外签约、举债，最终通过公司的破产来逃避债务。这种方式在我国房地产业一度十分流行，房地产公司先通过虚假宣传广告、虚假购房合同等手段抬高房价，再以商品房、土地做抵押骗取银行巨额贷款，然后转移、藏匿、浪费掉银行贷款，最后在公司无力偿还贷款的时候，银行只能以抵押物来抵债，但实际上商品房、土地根本就不值这么多钱。这种情况下应允许司法机关否认公司的独立人格，要求公司的控制者承担连带责任。

三、公司法人人格否认的构成要件分析

公司法人人格否认的构成要件是公司法人人格否认制度内涵与外延的具体化，它为司法机关适用公司法人人格否认制度提供了明确的标准。构成公司法人人格否认制度的要件主要包括以下几个方面：

（一）公司符合法律规定的实质要件，并依法登记成立，这是适用法人人格个案否认制度的前提条件。如果公司实际上未能达到法律规定的各项条件，根据现行法律制度可以由有关机关撤销公司或宣告公司成立无效，同时要求公司的设立人、发起人或股东对公司的债权人承担损害赔偿责任，那就无须考虑设立专门的法人人格否认制度了。只有当公司合法有效成立的前提下，公司的实际控制者滥用公司的独立人格，规避侵权责任或契约义务，损害公司债权人的合法权益，才考虑“揭开公司独立人格的面纱”，追究其背后违法行为者的法律责任。

（二）公司的实际控制者实施了违反诚实信用原则的不正当行为。这里需要澄清的是，公司的实际控制者不单指公司的控股股东，还有可能是公司的经营管理层，如国有企业的厂长、经理。从国外的司法实践来看，这类不正当行为主要表现为：一是公司控制者有欺诈行为，而根据现行法律无法追究公司股东等实际控制者责任的法律责任的情形。作为公司的自愿债权人虽然可以通过一定的方式来分散自己的交易风险，但即使是银行、保险公司等专业机构这种能力毕竟是有限的。如果公司的实际控制者采用欺诈手段误导公司债权人对交易风险作出不恰当的判断时，法律上必须采取一定的措施对公司债权人给予救济，以体现法律所追求的公平、正义这一永恒目标。二是公司控制者有违反法律或公司章程强制性规定的行为。以上内容在国外已经有立法上的支持，如《1993 年得克萨斯商事公司法》第二百二十一条规定：“认购人或股东对公司和公司的债权人承担直接责任的场合，一是债权人能证明股东或认股人使公司被用于非法目的，并对债权人实施了实际诈欺；二是认购人或股东不遵守公司形式，如没有遵守本法或公司法规或公司章程的任何要件，或没有遵守本法或公司法规或公司章程规定的公司必须采取的其他要件，如股东会、董事会……”①

（三）具体案件中当事人主动提出申请为司法机关审查、判断适用公司法人人格否认制度的必要条件。公司法人人格否认制度是公司法人独立人格制度的补充，是在特定情形下否认法人独立人格，让公司的实际控制者承担责任的制度。因此，司法机

① 朱慈蕴．公司法人人格否认法理与公司的社会责任［J］．法学研究，1998（5）．

关不宜主动宣告公司法人独立人格的丧失，而应在当事人提出诉求后，就个案的情况否认公司法人独立人格。

（四）公司的实际控制者不得因自己的利益主张否认公司人格。这一点类似英美法中“禁反言”的规定。公司法人人格否认制度主要是对公司实际控制者不法行为进行惩罚，保护公司的外部债权人。如果允许公司的实际控制者为保护自己的利益而否认公司的独立人格的话，那与公司法人人格否认制度的立法本意是背道而驰的，其后果也是十分荒谬的。由于公司的外部债权人要证明公司实际控制者在主观上具有故意十分困难，所以西方国家一般采用客观过错法，即只要股东从事了滥用行为即应视其主观上具有过错。编者比较赞同，公司的实际控制者应当是经济学上所说的“理性人”，只要有滥用公司法人人格的行为时，即可推定其有过错，因此公司法人人格否认制度无须以不法行为人主观是否有过错为必要条件。

四、关于我国公司法人人格否认制度的完善建议

（一）关于公司法人人格否认的规则总体上来说是笼统的、抽象的，现实上存在着滥用“揭开公司面纱”原理的可能。我国《公司法》第二十条规定：“公司股东滥用公司法人独立地位和股东有限责任，逃避债务，严重损害公司债权人利益的，应当对公司债务承担连带责任。”可以预见的是，要求否认公司独立人格的诉求将大量增加，因为对公司债权人而言，当公司资产不足，可能使他们的债权落空时，要求股东承担连带责任将是一个不错的选择。但由于缺乏统一的适用范围、适用条件或标准，或者说在理论上就没有什么适用边际，在司法实践中必然要靠法官的自由裁量。有人认为公司法人人格被否认，好比在某些情况下以公司形式所树立起来的有限责任之墙上被钻了一个孔，但对于被钻孔之外的所有其他目的而言，这堵墙仍然矗立着，笔者也比较赞成这种说法。但如果法官滥用了手中的自由裁量权的话，普遍发生的公司法人人格否认将会使这堵墙千疮百孔，最终坍塌。[①]

为避免法官滥用“揭开公司面纱”原理，损害股东有限责任这一公司法人制度的基石，本教材的作者（以下简称作者）建议最高人民法院尽快通过司法解释来统一我国公司法人人格否认制度的具体适用条件和适用范围、证据规则等方面的内容，待时机成熟时再写入《公司法》。关于适用范围，作者认为宜从严掌握，将其事项限定于财产混同、规避法律义务和契约责任等方面，相应的证据规则，作者认为不能采取

---

① 孟勤国，张素华．公司法人人格否认理论与股东有限责任［J］．中国法学，2004（3）．

"谁主张，谁举证"的原则，而应由被告负主要举证责任，原告只需举出被告有法人人格否认的特定情形的"外观证据"即可，如几个公司是同一个联系地址、公司账号、业务范围，关联公司的股东互为公司的董事、经理或存在行政隶属关系等。被告如不能就此提出有力的反证，则推定其滥用公司独立人格。

（二）公司法人人格否认责任主体的范围过于狭窄，不符合现实的需要。适用公司法人人格否认的情形是十分复杂的，《公司法》将责任主体设定为股东的规定起码是不完备的：第一，当股东担任公司的董事、经理等高层管理人员时，《公司法》的规定无疑是合适的，这里就不赘述了；第二，股东通过代理人间接滥用公司独立人格时，公司债权人是否只能追究股东的连带责任？而且公司债权人在举证方面将存在重大困难？第三，股东与代理人之间也存在"代理成本问题"，如果股东代理人出于自身利益的考虑，而损害了公司债权人的合法权益，在代理人失踪和公司资本显著不足的情况下，公司债权人是否可以要求股东承担责任，毕竟代理人的行为是以公司的名义做出的；第四，在国有企业中也有滥用公司独立人格的现象，但多半不是股东或为股东的利益而做出来的。这时如果适用《公司法》的规定，追究股东（国家）的责任显然是很荒谬的，但是我们又如何更好地处理国有公司中公司人格被滥用的问题呢？编者认为是否可以考虑将责任主体表述为"公司的实际控制者"，以顺应我国公司治理实际的需要。

（三）关于"一人公司"适用法人人格否认的规则可能无法实现立法意图。从我国《公司法》的规定来看，立法者认为一人有限公司应当是常态，一人公司的股东承担无限责任是例外，但编者觉得此立法设想恐无法实现。一人公司的股东承担无限责任的情形主要有两种：一是不能证明公司财产独立于股东自己的财产；二是公司股东滥用公司法人独立人格，逃避债务，严重损害公司债权人利益。在前一种情形中股东要想令人信服地证明公司财产是完全与个人财产相分离并不是一件容易的事情，因为现实中能够做到完全分离的很少，股东也乐意公私不分，好借此来逃避纳税等义务，如以公司名义购买的车辆和房屋可能是股东个人在无偿使用，以公司业务名义的支出可能会用于股东个人旅游、消费；在后一种情形中出于利益最大化的冲动，股东采用不法手段，逃避债务也很常见。就目前我国信用缺失的现状而言，必然导致在"一人公司"中广泛适用法人人格否认制度，要求股东承担无限责任，这对法人人格否认制度本身也有极大的危害。笔者认为股东承担无限责任才是"一人公司"的本质，而不必借助法人人格否认制度来实现它。

我国确立发展市场经济已经有一段时间了，市场经济是具有共性的，西方发达国家曾经面对过的问题，在我国市场经济发展过程中也必然会遇到的。而且在我国经济体制变革的过程中滥用公司人格的行为也时有发生，如有人借国企转制之名，行偷逃企业债务，规避法律责任之实，所谓的“假破产，真逃债”即是如此。除此之外，滥用公司独立人格出现了一些新的动态，如有房地产公司每开发一处楼盘就设立一个具有独立法人资格的项目公司来负责，将来如果该楼盘出现什么问题或风险，母公司就可以全身而退不承担任何责任。这样房地产公司的风险就可以大大减少了，但银行、购房者的利益就有可能受到损害，特别是房地产公司通过关联交易等不法手段转移了公司财产的话，不追究关联交易者的责任显然不公平。我国《公司法》第一条就明确规范公司的组织和行为，保护公司债权人的合法权益是公司立法的根本宗旨之一；这次《公司法》修改增加法人人格否认的规定，可以说是我国公司立法对公司债权人利益保护的一大发展。

当然，股东的有限责任仍然是公司法人制度的核心内容，我们不能轻易、普遍性地否认公司法人的独立人格，否则可能产生很大的负面影响，而且公司法人人格否认制度的许多方面未有定论。美国的卡德沃佐法官曾对该制度有这样的评价：“全部问题仍然包裹在暗喻的迷雾中。”因此，建立我国公司法人人格否认制度可以说是任重而道远。另外，建立法人人格否认制度也是一个系统工程，需要其他相关制度的进一步完善，如在破产法中规范公司法人破产制度，避免利用破产来逃避责任情况的发生；建立健全信用监控体制等方面。

第三节　公司章程

一、公司章程概述

公司章程，美国称为 anticles，英国则习惯称为 memorandum of association。公司章程，是指公司全体股东依法订立的、规定公司基本组织与活动的书面法律文件。世界主要国家的公司立法都规定公司必须制定章程，这是公司设立的要件，也是公司设立的必须程序。公司的章程体现着全体股东的共同意志，对全体股东、公司的组织机构和公司员工均有约束力。我国《公司法》第十一条规定设立公司必须依法制定公司章程。公司章程对公司、股东、董事、监事、高级管理人员具有约束力；第十二条规定公司的经营范围由公司章程规定，并依法登记。公司可以修改公司章程，改变经营范围，但是应当办理变更登记。公司的经营范围中属于法律、行政法规规定须经批准的项目，应当依法经过批准。第十三条规定公司法定代表人依照公司章程的规定，由董事长、执行董事或者经理担任，并依法登记。公司法定代表人变更，应当办理变更登记。

有限责任公司的章程由全体股东共同制订，修改公司章程必须经代表2/3以上表决权的股东通过；股份有限公司的章程由发起人制订，采用募集方式设立的经创立大会通过，修改公司章程必须经出席股东大会的股东所持表决权的2/3以上通过。我国公司章程具有如下特征：

1. 自治性。公司章程是股东或发起人意思自治的产物，只要其内容不与法律的强制性规定相抵触，就具有法律约束力。我国《公司法》以授权公司章程另行规定的方式，赋予了公司较充分的自治权。

2. 法定性。是指公司章程的法律地位、内容、形式、修改程序以及效力均由《公司法》明确规定。比如我国《公司法》第十一条规定："设立公司必须依法制定公司章程。公司章程对公司、股东、董事、监事、高级管理人员具有约束力。"再比如我国《公司登记条例》第二十三条规定："公司章程有违反法律、行政法规的内容的，公司登记机关有权要求公司作相应修改。"这些规定都使公司章程具有法定色彩。

3. 公开性。是指公司章程的内容不仅要对公司股东、高级管理人员等公司内部人员公开，还要对社会公众公开。

二、公司章程的内容

我国《公司法》第二十五条对有限责任公司的章程应该载明的事项作了明确规定：（一）公司名称和住所；（二）公司经营范围；（三）公司注册资本；（四）股东的姓名或者名称；（五）股东的出资方式、出资额和出资时间；（六）公司的机构及其产生办法、职权、议事规则；（七）公司的法定代表人；（八）股东会会议认为需要规定的其他事项。

我国《公司法》第八十二条对股份有限公司章程应当载明的事项作了规定：（一）公司名称和住所；（二）公司经营范围；（三）公司设立方式；（四）公司股份总数、每股金额和注册资本；（五）发起人的姓名或者名称、认购的股份数、出资方式和出资时间；（六）董事会的组成、职权和议事规则；（七）公司法定代表人；（八）监事会的组成、职权和议事规则；（九）公司利润分配办法；（十）公司的解散事由与清算办法；（十一）公司的通知和公告办法；（十二）股东大会会议认为需要规定的其他事项。

三、公司章程效力的特殊问题

（一）生效时间

理论上关于公司章程的生效时间的四种不同观点：

第一种观点认为公司章程自全体股东或者发起人签名、盖章时生效。

第二种观点认为公司章程应该从公司获得注册登记时起生效。

第三种观点认为在公司成立之前，公司章程只是具有个人法上的效力，在公司章程上签字或盖章的出资者、公司成立之前选任的董事等高管都要受其约束。但是此时的公司章程并不能全面生效，尤其是公司章程中需要进行登记的事项更是不能生效。只有在履行了必要的程序后，公司章程作为团体法上的公司章程才能整体生效。

第四种观点认为公司章程的生效时间因公司的性质和设立的方式不同而有所不同。具体而言，在有限公司和发起设立的股份有限公司，公司章程应当自全体股东或者发起人签名、盖章时生效；在募集设立的股份有限公司，则应当在创立大会上通过时生效。

第一种观点是与我国《公司法》第九十一条规定募集设立的股份有限公司的创立大会行使通过公司章程权力的规定是矛盾的。第二种观点忽视了章程内容的复杂性，根据《公司法》规定，在一般的有限责任公司，发起人协议是非必备文件，如果公司章程从公司获得注册登记时起生效，那么公司设立过程中发起人股东之间的关系就不受章程的约束，设立过程中的秩序就难以维持。第三种观点以公司章程的记载内容来划分公司章程的生效时间，其不足是在公司成立以前，没有从公司的性质和设立方式角度，把公司章程具有个人法上的效力的生效时间具体化、明确化。第四种观点按公司的性质和设立方式把公司两分，基本解决了前三种观点的不足，笔者也同意该观点。①

（二）公司章程对人的效力

公司章程对公司的内部人员具有约束力是毋庸置疑的，我国《公司法》第十一条规定，公司章程对公司、股东、董事、监事、高级管理人员具有约束力。第二百一十

① 论公司章程的效力（作者不详）．小柯论文网．

七条第一款规定，高级管理人员，是指公司的经理、副经理、财务负责人，上市公司董事会秘书和公司章程规定的其他人员。公司章程可以理解为公司宪章，在公司内部具有最高的效力，公司、股东、董事、监事、高级管理人员均应当遵守公司章程的规定。

但公司章程能否对抗第三人的问题存在着争议。理论上无非两种观点：一是不能对抗第三人，理由主要是公司章程属于内部事务，不能约束公司外的第三人，第三人也没有进行查证的义务，没有义务就不存在过失；而且要求与公司打交道的第三人必须了解公司章程的内容也有实际操作的难题，比如要了解公司章程内容，必须到工商部门查询，实际经济来往中很多人不会去查询。二是公司章程能够对抗第三人，江平教授在一次公司法的讲座上就持这种观点。主要理由是2005年修订的《公司法》增加了一些授权性条款，极大地拓展了公司章程的自由空间，很多情况下，公司章程完全可以改变《公司法》的规定，第三人不看公司章程将无法知道该公司运作、法人代表、高管权限等重要规则，因此和一个公司打交道首先要看公司章程，否则可能会带来一些不必要的麻烦。

笔者认为还是应该区分善意和恶意第三人，即第三人了解公司章程规定的情况下，允许公司对抗第三人；但第三人不了解或了解公司章程有困难的情况下，公司就不能以章程有规定为理由，对抗第三人。

第四节 《公司法》概述

一、《公司法》的概念与特征

《公司法》是指规范公司设立、组织机构和公司行为以及公司对内、对外关系的法律制度的总称。这是从广义上对《公司法》所作的界定，《公司法》除了我国就公司制度所进行的单行立法以外，还包括其他法律规范中的有关公司的规定、国务院的行政法规、最高人民法院的司法解释、我国参加的涉及公司制度的国际条约以及比较低层次的部门规章、地方性法规等。《公司法》具有如下几个方面的特征：

（一）《公司法》是规范商事主体的法律制度。《公司法》首先是确立公司作为市场交易主体所应具备的主体资格和规范公司对内、对外关系的法律。公司也只有通过法律确认了主体资格后，才能开展各项商事经营活动，独立对外承担法律责任。《公司法》作为主体法主要体现在：公司的设立、公司的形式、公司法人的治理机构、公司的分立与合并、公司的法律地位等方面的内容。

（二）《公司法》是规范公司经营活动的法律制度。《公司法》除了对公司的法律地位和资格作出规定外，还对公司具体运作、投资融资、经营交易活动进行规范。在这个意义上，《公司法》又是行为法。《公司法》作为行为法主要体现在：公司的投资融资、公司股权（股份）转让、公司发行债券、公司的清算解散制度等。

（三）《公司法》是强制性规范和任意性规范相结合的法律。强制性规范是指人们必须遵守的公司法律规范，任意性规范实际上是具有建议性质的公司法律规范，人们对这些规定有选择的权利。与旧《公司法》相比，现行《公司法》已经减少了许多强制性公司法律规范，更体现了公司的私法性质。公司法的强制性规范体现在：公司形态是法定的，不得随意创设，公司设立达到法定条件，必须严格履行法律程序；公司法人治理结构的组成及相关职权；公司的财务会计和利润分配制度；公司的公积金制度；公司的清算和解散制度；公司债券、股票的发行等。公司法的任意性规范体现在：公司章程的内容；公司盈余或亏损的分配标准及比例；公司股东出资的数额和形式等。

（四）《公司法》是实体规范和程序规范相结合的法律。在公司的设立、运行、变更、消灭等活动中，《公司法》对相关主体之间的权利义务作出了规定，这些属于实体法规范的范围；《公司法》对公司设立、变更和解散以及公司管理的运作机制属于程序性规范。

二、《公司法》与相关部门法

（一）《公司法》与《民法》

《民法》是调整平等主体之间的财产关系和人身关系的基本法律。《公司法》所涉及的大量内容是关于平等市场主体之间财产流转关系的，也因我国奉行的是民商合一的体制，所以民法所确立的一些基本原则和基本制度，同样可以适用到公司法中。一方面，我国《公司法》的建立和发展是脱胎于民事法律制度的，在这个意义上讲，我们可以说《公司法》是民事特别法。另一方面，《公司法》作为典型的商法部门，有很多自己的特殊规定，如公司股权制度、法人制度，反过来又促使了民法物权理论、法人制度的更新与发展。因此，《公司法》与《民法》是相辅相成、相互促进的关系。

（二）《公司法》与《证券法》

公司，特别是股份有限公司制度的形成和发展是证券市场中股票、债券的发行、转让等交易活动的基础，公司制度的发展是证券市场出现的基础；从另一方面讲，证券市场的繁荣为公司提供了重要的融资渠道，从而推动了公司制度的发展。《公司法》与《证券法》在市场经济中具有互补的作用。所以说《公司法》与《证券法》有着天然的联系，我国《公司法》与《证券法》同时进行修改就是明证。但是《公司法》主要规范的是实体经济贸易中的生产经营行为，而《证券法》主要规范的是资本市场中的证券发行、交易、监管、服务关系，两部法律所针对的是不同市场领域中的具体问题，因此两部法律所制定的规则有很大的差异。

第五节　公司法律制度的历史演进

一、公司制度的产生和发展

1673 年法国国王路易十四颁布《商事条例》，该条例首次以法律形式确认了家庭营业团体的法人地位，并将其称为普通公司，即无限公司。这是世界上第一部有关公司的法律。1807 年的《法国商法典》将这种公司改名为合名公司，其中“合名”的意思是这种公司名称中应当包含所有股东的姓名。随着无限公司中股东人数的增多，如果把所有股东的姓名都合进公司名称中，不太可能，于是德国法允许使用“开名公司”，即表明该公司股东的姓名公开，但可以不把股东姓名都写进公司名称中。[①] 两合公司是由康美达组织发展、演变而来，是在无限公司之后产生的另一种公司形式，但《德国商法典》没有认可两合公司的法人地位。《日本商法典》及美国州公司法都有关于两合公司的规定。康美达是一种特殊的合伙形式，是货币资本所有者与船舶的所有

---

① 江平，李国光主编. 最新公司法培训教程. 2006 年 1 月第一版，人民法院出版社，第 14 页.

者或经营者签订的海上贸易契约。按照契约规定，船舶的所有者或经营者主要负责进行海上贸易的经营活动，其他合伙人负责提供资本。合伙有盈利时，双方按照契约约定的比例分享成果；亏损时，其他合伙人只需以出资额为限承担责任。康美达这种特殊合伙形式几经演变成为两合公司。

从16世纪起，英国、荷兰等国家出现了一批获得国家特许，从事对某个国家进行垄断经营的公司，最著名的就是1600年成立的英国东印度公司，一般认为这就是股份有限公司的前身。1807年《法国商法典》首次对股份有限公司作了较为完备、系统的规定，并于1867年做了全面修改。英国国会于1855年通过了有限责任的议案，1856年制定了有限责任形式的公司法；德国1861年的旧商法及1897年的新商法中均有关于股份有限公司的规定。1892年德国制定了世界上第一部《有限责任公司法》，随后法国于1919年制定了《有限公司法》，日本于1938年也制定了《有限公司法》。

二、我国公司立法的回顾

公司制度可以说是随着帝国主义侵略而被引入中国的，公司这种现代企业组织形式出现时，我国正处于封建专制统治的漫漫长夜中，封建专制制度是与公司产生所需的政治、经济环境格格不入的。在中华民族生死存亡的关头，清政府被迫要改革旧有法律制度，推行实业救国、富国强兵的政策，以挽救自己即将覆灭的命运。1870年清政府颁布《大清商律》，该法令包括商人律9条和公司律131条。其中公司律规定的公司类型有合资公司、合资有限公司、股份公司和股份有限公司。中华民国成立后，于1914年分别颁布了《公司条例》和《商人通则》；后来国民党政府成立以后，决定采用民商合一体制，对统一法典不能包容者另订单行法，1929年12月26日颁布了《公司法》，1946年又仿照英美体制对《公司法》进行了修改。该法规定了无限公司、两合公司、有限公司、股份有限公司、股份两合公司和外国公司六类公司形式。

新中国成立后，国民党政府的《公司法》随之被废止，1956年我国社会主义三大改造完成后，至十一届三中全会前，商品经济（市场经济）意义上的公司已不复存在，而基本上变成了社会主义国营或集体企业。1978年《中共中央关于加快工业发展若干问题的决定》明确指出："在同一地区，可以把同类企业及为其直接服务的小型企业，组成专业生产公司。"紧接着为了吸引外商来华投资，我国制定了一系列有关的法律和法规，其中最有代表性的是《中外合资经营企业法》和《中外合作经营企业法》。这两部法律不但允许外商投资企业可以采用有限责任公司的组织形式，还对有限公司的设立、组织机构、资产、经营管理和法律责任等问题作出比较具体的规定。

从此，我国公司制度开始进入了复苏阶段。

1986 年六届全国人大四次会议通过了《中华人民共和国民法通则》，该法对企业法人的条件和地位作出了规定，但缺乏关于公司问题的具体规范。在缺乏相应法律规范约束的情况下，兴起了所谓的“公司热”，大量不具有公司条件的企业也采用了公司的名义，给我国经济的发展造成了一定的困扰。1988 年，中共中央和国务院联合发布《关于清理整顿公司的决定》指出：“此次清理整顿的重点是 1986 年下半年以来成立的公司，特别是综合性、金融性和流通领域的公司。在此之前成立的公司，凡是问题严重的，也要进行清理整顿。通过清理整顿，主要解决政企不分、官商不分、转手倒卖、牟取暴利等问题，进一步明确经营方针、经营范围，使之走上健康发展的轨道。”

在全国性“公司热”清理整顿后，时逢“邓小平南方视察讲话”发表。此后我国股份制经济获得了前所未有的迅速发展。为了规范股份制公司的设立和运行，国家体改委、国家计委、财政部、中国人民银行、国务院生产办于 1992 年 5 月 15 日联合发布了《股份制企业试点办法》、《股份有限公司规范意见》、《有限责任公司规范意见》，政府的其他部门也出台了十余项配套文件，形成了具有中国特色的公司法律制度。1993 年 12 月 29 日由八届人大常委会第四次会议审议通过了新中国历史上第一部《公司法》，该法共 11 章，计 230 条，规范了股份有限公司和有限责任公司类型，初步奠定了中国公司制度的基础。该法于 1999 年 12 月 25 日由九届人大常委会进行了修改。由于这部《公司法》主要考虑的是国有企业的改制问题，随着改革开放的逐渐深入，已不能完全适应经济发展的需要了，主要问题有：这部法律带有比较浓厚的计划经济色彩，国家对公司的管制过严，限制过多，公司的私法属性没有充分展现出来。从旧公司法资本金的提法就可见一斑，资本金实际上就是资本，为什么没有采用资本的说法无非是思想还不够解放，观念还没有完全转变；公司设立门槛过高，设立条件较为严格，在世界上许多国家已改为授权资本制、折中资本制的情况下，我国依然坚持严格的法定资本制，显得僵化、落后，特别是对穷人创业不利；公司法人治理结构有缺陷，无法切实保护国家、中小股东的合法权益。公司的组织机构明显带有国有企业组织机构的特征，监督机制不到位；对我国公司制度发展中的新问题、新情况，缺乏有效的应对措施。

局部的修修补补已无法从根本上解决问题了，于是我国在 2005 年对《公司法》进行了重大修改，并协调了《公司法》与《证券法》的关系，1993 年《公司法》有 230 条，2005 年修订后的《公司法》为 219 条，条文虽然少了，但内容却极大丰富了。此次修改内容涉及近 200 个条文，几乎等于重新制定了一部《公司法》。

三、2005 年我国《公司法》修订的主要内容

（一）大幅度降低公司设立的门槛，公司出资方式更加灵活。1993 年《公司法》第二十三条和第七十八条规定了最低注册资本。其中，有限责任公司的最低注册资本分别为人民币 10 万元、30 万元与 50 万元不等；股份公司为人民币 1000 万元。新《公司法》不再按生产经营领域划定最低注册资本，而统一将有限责任公司最低注册资本降至人民币 3 万元，股份有限公司的最低注册资本也降为人民币 500 万元；同时公司股东分期缴纳出资。

同时，2005 年《公司法》大幅度放宽了股东出资方式：除了“法律、行政法规规定不得作为出资的财产”外，“股东可以用货币出资，也可以用实物、知识产权、土地使用权等可以用货币估价并可以依法转让的非货币财产作价出资”。

（二）放松对公司管制，鼓励公司自治。1993 年《公司法》中强制性法律规范过多，管制过严已经久为人诟病。2005 年《公司法》减少了许多对公司不必要的限制规定，如 1993 年《公司法》第二十条第二款规定了公司转投资的限制。该限制严重妨碍了许多公司的投资业务拓展，不少的公司实际上违反该规定而开展转投资活动，但公司登记机关难以及时掌握必要的信息，致使这些公司仍能顺利通过年检。新《公司法》第十五条彻底废除了转投资限制。

在公司的设立、经营、治理乃至公司解散清算等环节大胆放手鼓励公司与股东自治，扩张公司的商事权利能力与行为能力。公司自治的主要手段是公司章程自治。新《公司法》给章程的制定留出了很大的自由空间。涉及公司代表权问题上，取消了公司法定代表人由董事长担任的强制性规定，赋权公司通过章程在董事长、执行董事和经理中自行确定，使得公司代表人多元化，尊重了公司对代表权分配的意志；在涉及公司利润分配问题上，允许股东约定不按照出资或者股份比例进行分配，尊重股东对于利润分配的自主权；在涉及公司权力机构运行问题上，基于有限责任公司的资合和人合两重性，股东会作为其权力机构，其运行方式和议决程序可以基于股东之间的信任关系灵活作出规定，而不必强制按照法定标准和程序处理，允许股东通过公司章程就有限责任公司股东会的表决权、会议通知时间和决议作出的方式等进行约定，使得公司权力机构职权的行使和运作具有较强的灵活性，有利于提高公司的运行效率；涉及公司对外投资问题上，公司的对外投资是公司对于法人财产的支配和自主经营行为，理应服从公司经营战略和盈利追求的需要，只涉及公司资产形态的转换，并不直接影响资本真实与维持，只是影响资产的变现能力和程度，允许公司通过章程对转投

资的比例和限额自行规定，满足了市场实践中要求放宽转投资限制的强烈要求，尊重了公司对其自身资产运用的意志；公司经营范围可由公司章程自由设定，只需通过登记履行对外明示的义务，将公司经营范围还原为公司自主决策行为；股东（大）会、董事会和经理的职权可由公司章程进行规定等等。

（三）承认一人有限责任公司，引入法人人格否认制度。1993 年《公司法》规定：有限责任公司由 2 个以上 50 个以下股东共同出资设立。这一规定是出于不同股东之间的利益制衡。新《公司法》摈弃了此观念，首次确认了“一人有限公司”合法性，规定有限责任公司由 50 个以下股东出资设立，解除了对股东人数设立下限的约束，并为此设立专节：“一人有限责任公司的特别规定”。规定一人有限责任公司的注册资本最低限额为人民币 10 万元，但一人股东应当一次性足额缴纳公司章程规定的出资额。

2005 年《公司法》也引入了国外的法人人格个案否认制度。《公司法》第二十条规定：“公司股东滥用公司法人独立地位和股东有限责任，逃避债务，严重损害公司债权人利益的，应当对公司债务承担连带责任。”第六十四条规定：“倘若一人公司的股东不能证明公司财产独立于股东自己的财产的，应当对公司债务承担连带责任。”这当然也属于对于一人有限公司的一种限制。

（四）强化了对公司中小股东合法利益的保护。中小股东合法权益的保护水平是检验一部《公司法》是否成熟、公正的试金石。旧《公司法》对股东权的规定原则性强，可操作性弱。为了振作股东的投资信心，新《公司法》牢记强化股东权保护的首要立法宗旨，不仅在总则中的第四条重申了股东的常见权利，而且将股东权保护的精神贯穿于整部法律。既强调保护股东的自益权（财产权利），也强调保护股东的共益权（监督与控制权利）。

就股东的自益权而言，1993 年《公司法》规定，有限公司股东仅有权查阅股东会会议记录和公司财务会计报告，而财务会计报告又易造假，股东查阅上述文件并无实益，而对股东最有意义的董事会、监事会与经理办公会的会议记录、会计账簿和原始凭证等则无法查阅。新《公司法》第三十四条明确规定，股东可以要求查阅公司会计账簿。此法第七十五条首次确认了股东的退股权。例如，倘若发生公司连续五年不向股东分配利润，而公司该五年连续盈利，并且符合本法规定的分配利润条件的情形，反对股东就可以请求公司按照合理的价格收购其股权。第一百八十三条首次确认了出现公司僵局时股东享有解散公司诉权。

就股东的共益权而言，2005 年《公司法》第一百零六条规定了累积投票权，第一百五十二条规定了股东代表诉讼（派生诉讼）提起权。倘若公司董事、监事、经理和控制股东不法侵害公司合法权益，而公司董事会或者监事会又拒绝或者怠于对不法侵害人提起诉讼，则有限责任公司中的任何股东、股份有限公司中连续180日以上单独或者合计持有公司1%以上股份的股东有权为了公司的利益以自己的名义直接向人民法院提起股东代表诉讼。

（五）将公司社会责任的要求具体化。2005年《公司法》在追求公司、股东利益最大化的同时，进一步将公司的社会责任的要求明确化，不仅将强化公司社会责任理念列入总则条款，而且在分则中设计了一套充分强化公司社会责任的具体制度。公司的社会责任包括环境保护、消费者保护、职工保护等内容，《公司法》中主要落实的是职工保护方面。

2005年《公司法》进一步完善了职工董事制度与职工监事制度。就职工监事制度而言，《公司法》第五十二条第二款、第七十一条和第一百一十八条要求监事会应当包括股东代表和适当比例的公司职工代表，其中职工代表的比例不得低于总数的1/3，从而有助于扭转一些公司中职工监事比例过低的现象。就职工董事制度而言，《公司法》第四十五条第二款和第六十八条要求两个以上的国有企业或者两个以上的其他国有投资主体投资设立的有限责任公司以及国有独资公司的董事会成员中有公司职工代表；第四十五条第二款和第一百零九条第二款允许其他有限责任公司和股份有限公司设立职工代表董事制度。

鉴于公司重组经常造成职工失业、下岗的严重后果，《公司法》第十八条第三款规定："公司研究决定改制以及经营方面的重大问题、制定重要的规章制度时，应当听取公司工会的意见，并通过职工代表大会或者其他形式听取职工的意见和建议。"

第二章

公司资本制度

GONGSI ZIBEN ZHIDU

第一节 公司资本的概念

一、资本的概念

资本一词在我国很早就有了，元曲“萧德祥 杨氏女杀狗功夫”，第一折【仙吕】【点绛唇】就有“从亡化了双亲，便思营运寻资本，怎得分文”。当然，这里的“资本”应该是“本钱”的意思，和今天资本的含义不尽相同。

资本首先是经济领域内的概念，从经济学的角度，资本与生产要素几乎是同义词，由用于生产产品和提供劳务的资产体现，包括有形资产和无形资产。西方经济学将资本作为获利的手段，它的最基本属性是增值性，是能够带来剩余价值的价值；从会计学的角度，资本是资产的来源，可以被用来指资产总额、长期资金、净资产或者出资人的原始投入等。①

资本也属于法律概念，不少国家直接在立法上进行定义，《日本商法》第二百八十四条之二规定：“公司的资本，本法另有规定的场合除外，为已发行股份的发行价额的总额。”《韩国商法》第四百五十一条规定：“除了本法另有规定之外，公司的资本应为发行股份的票面价格总额。”因此，《公司法》意义上的资本应当是由全体股东出资构成的公司财产。

新中国成立后，很长一段时间内，受马克思论断的影响：“资本来到世间，从头到脚，每个毛孔都滴着血和肮脏的东西。”“资本”一直作为政治上的概念而存在，过分放大其消极的含义，一度被视为社会主义的对立面被批判、被贬低。改革开放以后人们才逐渐认识到资本的重要性，渐渐纠正了过去的错误观念。

公司资本在公司运营中担任着重要的角色：公司资本既是公司法人进行经营活动的物质保障，又是公司法人对外承担民事法律责任的财产保证。公司资本是公司得以存续发展的物质基础，也是反映公司资信能力的标志。

---

① 薄燕娜. 股东出资形式法律制度研究. 法律出版社，2005 年 8 月版，第 9 页.

二、资本与资产

资产也是在公司运营中出现频率很高的一个词汇，它和资本有着密切的联系，资产实际上是资本在公司运营中的表现形式，但公司的运营情况会导致两者数额上存在着差异，比如公积金、盈利或亏损的增加，会使公司资产大于或小于公司资本。资产有总资产与净资产之分，前者是净资产与负债之和；后者指所有者权益，是所有者对公司资产享有的经济利益，其数额为资产减去负债之后的余额。从资本与资产的表现形式上看，资本体现为脱离具体财产种类的抽象价值形态，而资产更多地体现为实物形态，如建筑物及其附属设施、设备、库存产品等。

三、与公司资本相关的几个概念

1. 注册资本，是指反映在公司章程、营业执照等法定文件中，公司全体股东认缴或实收的出资。我国《公司法》第二十六条和第八十一条分别针对有限责任公司和股份公司的注册资本作了规定。

2. 实缴资本，又称实收资本，是指公司实际收到的股东的出资额或股本。在实行折中资本制度的国家和地区，不需要在设立公司时，股东认缴的出资一次到位，允许分期缴纳，这就造成公司的注册资本和公司实际收到的资本有差异。

3. 最低注册资本，是指《公司法》规定的成立公司所需的资本最低限额。在奉行法定资本制的国家和地区，最低注册资本的要求往往很高，而实行授权资本制和折中资本制的国家则不重视最低注册资本。

第二节　公司资本制度的类型

从公司资本制度的发展历史来看，主要出现过三种不同类型的资本制度，即法定资本制、授权资本制和认可资本制。

一、法定资本制

法定资本制曾被大陆法系国家广泛采用。法定资本制主要有两个要点：一是资本三原则，包括资本确定、资本维持和资本不变三项原则，虽然《公司法》上无明文规定，但理论上是公认存在的；二是严格的出资要求和较高的最低资本额。

资本确定原则，指公司在设立时，章程、营业执照中确定的资本总额须由股东全部认足，否则公司不能成立。这一原则表明：公司资本总额不是在公司成立后根据实际需要确定的，而是在公司成立之前由发起人凭其主观预测而定的。

资本维持原则，又称资本充实原则，指公司在存续过程中，应经常保持与其资本额相当的财产的原则。其立法目的是为了防止公司资本的实质减少，保护债权人的利益，同时也为了确保公司业务活动的正常进行。

资本不变原则，是指公司的资本额一经确定，非经法定程序不得随意变更的原则。这里所谓不变，并非资本的绝对不可改变。

二、授权资本制

授权资本制是指公司设立时，发起人或股东无须全额缴纳章程中确定的注册资本，但只需认购部分股份，公司就可正式成立，其余的股份，授权董事会根据公司生产经营情况和证券市场行情再随时发行的公司资本制度。

根据授权资本制的要求，首先，公司章程既要载明公司的注册资本又要载明公司成立之前第一次发行的股份资本。其次，在授权资本制下，注册资本、发行资本、实缴资本、授权资本同时存在，但各不相同。最后，发起人只需认购并足额缴纳章程所规定的第一次应发行的股份数，公司即可正式成立。

授权资本制的优点：

1. 便于公司的尽快成立。因为它不必一次全部筹足公司章程所规定的注册资本，只要筹到一部分即可正式成立公司。

2. 不易造成公司资本的闲置和浪费。因为，公司设立之初，不仅预定了足够的资本总额，而且还可根据近期的实际经营能力发行适量股份，使其实收资本与初期的经营规模相适应。由此便避免了公司因资本不足而无法经营的缺陷，其余股份在董事会认为实际需要时才发行，这就有利于防止资本闲置造成的沉淀和浪费。

3. 免除了变更注册资本的繁琐程序。因为在公司章程规定的注册资本限额内，董事会可以根据授权随时追加发行，而无须召开股东大会变更公司章程，也不必再去履行有关程序，从而大大简化了公司变更资本的程序，而且使公司资本变更的操作成本大幅降低。

授权资本制的缺陷：

1. 容易引起公司设立中的欺诈和投机等非法行为的滋生。授权资本制既未规定公司首次发行股份的最低限额，也未规定公司实收资本应与公司的生产经营规模相适应，这就容易产生公司设立中的投机和欺诈行为。

2. 不利于保护债权人的利益。因为在授权资本制下，公司章程中规定的公司资本仅仅是一种名义资本，公司的实收资本可能微乎其微，这对公司的债权人来说，则具有较大的风险性。

3. 不利于维护交易安全。公司成立之初所发行的资本十分有限，公司的财产基础缺乏稳固性，这就削减了公司的信用担保范围，从而不利于维护交易的安全。

三、认可资本制

认可资本制，也称为“折中资本制”，它是法定资本制和授权资本制的有机结合，具体是指在公司设立时，虽然公司章程中所确定的注册资本总额不必一次全部筹足，其余股份可以授权董事会根据实际情况随时发行，但首次发行的股份不得少于法定比例，发行股份的授权也须在一定期限内行使的公司资本制度。

德国《股份公司法》第二百零二条规定：“可以授权董事会，在公司登记后至多为五年的期间，通过以出资为条件发行新股，将股本增加至一定的名义金额（授权资本）……授权资本的名义金额不得超过授权时现存股本的一半。只有经监事会同意时，才应发行新股。”

《法国商事公司法》确认了认可资本制，该法第七十五条规定：“公司资本必须被全部认购。货币股份，在认购时应至少缴纳面值的一半的股款。剩余股款根据董事会或经理室的决定，自公司在商业和公司注簿注册之日不超过五年的期限内，根据情况，一次或分数次缴纳。实物股份，于其发行之日应全部缴付。公司股份不得代表技艺出资。”

日本 1950 年修改商法典时，也抛弃了法定资本制。该法典第一百六十六条规定，公司设立时发行的股份数，不得少于章程所规定的公司发行股份总数的 1/4。其余部分，授权董事会根据公司将来需要资本的情形，一次或分次发行。这里，股份总额的 1/4 属于已发行的资本，必须全额认足，以确保公司设立之初的资本基础，其余部分，则是授权发行的资本。

认可资本制具有以下优点：（1）具有一定的灵活性。这一资本制度融合法定资本制与授权资本制的优点，兼顾公平、安全与效率。（2）有利于公司的迅速成立，提高公司资本的运作效率。在认可资本制的条件下，股份可以分次发行，公司在设立时可根据实际需要而发行股份，从而有利于公司的迅速成立，而且不易造成公司资本的闲置和浪费。（3）公司董事会可根据实际需要在授权额度内发行资本，而不必履行繁琐的增资程序，即使将来授权资本发行完毕而公司尚需增加自有资本时，仅须变更章程，增加预定发行的股份数额即可。（4）债权人的利益获得了相当程度的保障。认可资本制由于规定公司首次发行的股份不得少于注册资本的一定比例，甚至还规定了其余股份的发行年限，从而避免了授权资本制的弊病。[①]

四、我国资本制度

2005年我国修订的《公司法》抛弃了严格的法定资本制，放松了对公司资本制度的管制，降低了公司成立的门槛。从《公司法》的规定来看，我国公司资本制度和授权资本制、认可资本制存在着区别，可以理解为法定资本制基础上的资本分期缴纳制。

（一）新旧《公司法》最低注册资本制度的比较

旧《公司法》第二十三条规定：有限责任公司的注册资本为在公司登记机关登记的全体股东实缴的出资额。有限责任公司的注册资本不得少于下列最低限额：①以生产经营为主的公司人民币50万元；②以商品批发为主的公司人民币50万元；③以商品零售为主的公司人民币30万元；④科技开发、咨询、服务性公司人民币10万元。

股份有限公司的最低注册资本为人民币1000万元。

但2005年修订的《公司法》改变了以往对有限责任公司注册资本分类规定的做法，第二十六条规定："有限责任公司的注册资本为在公司登记机关登记的全体股东认缴的出资额。公司全体股东的首次出资额不得低于注册资本的20%，也不得低于法定的注册资本最低限额，其余部分由股东自公司成立之日起两年内缴足；其中，投资公司可以在五年内缴足。"

有限责任公司注册资本的最低限额为人民币3万元。法律、行政法规对有限责任公司注册资本的最低限额有较高规定的，从其规定。

股份公司的最低注册资本也降到了人民币500万元。

---

① 雷兴虎. 认可资本制：中国公司资本制度的最佳选择. 法律教育网.

2005年《公司法》与旧《公司法》的规定进行比较，有两个方面的突出变化：

一是有限责任公司注册资本的最低限额由10万元人民币降低至3万元人民币。这一变化清晰地表明了新《公司法》的指导思想与立法目标——鼓励投资，促进公司发展，充分利用社会投资资源。[①]

二是有限责任公司注册资本由一次足额缴纳改变为分期缴纳。这一变化反映出我国从过分依赖资本信用向资产信用的观念转变。

（二）新旧《公司法》出资方式的比较

旧《公司法》规定的出资方式有四种：1. 现金条件；2. 实物出资（动产、房屋产权）；3. 土地使用权出资；4. 知识产权（工业产权、非专利技术）。除此之外都不行。

与旧法相比，现行《公司法》第二十七条大幅放宽了股东出资方式："股东可以用货币出资，也可以用实物、知识产权、土地使用权等可以用货币估价并可以依法转让的非货币财产作价出资；但是，法律、行政法规规定不得作为出资的财产除外。"因此，债权、股权、采矿权、探矿权等他物权均可作为出资财产。

从这条规定看出资只需要满足三个条件即可：

1. 可以用货币估价的；

2. 可以依法转让的；

3. 法律、行政法规不禁止的。

根据我国《公司登记条例》第十四条的规定，下列财产或权利不能作为出资："股东的出资方式应当符合《公司法》第二十七条的规定。股东以货币、实物、知识产权、土地使用权以外的其他财产出资的，其登记办法由国家工商行政管理总局会同国务院有关部门规定。股东不得以劳务、信用、自然人姓名、商誉、特许经营权或者设定担保的财产等作价出资。"

根据现行《公司法》第二十七条规定，在诸多的出资形式中，只要全体股东的货币出资金额不低于有限责任公司注册资本的30%，其他的出资形式可以高达公司注册资本的70%。这就废除了旧《公司法》有关知识产权出资不超过20%的旧规定，放宽了知识产权出资额，有利于鼓励高科技公司的健康成长。

---

① 赵旭东．新公司法讲义．人民法院出版社，2005年12月版，第307页．

第三节　公司出资制度若干问题的分析

一、劳务、信用、债权出资的思考

（一）劳务、信用出资

劳务出资是指股东以智力和体力为公司提供服务的方式抵充出资。信用出资即以信用作为无形资金作为公司的出资类型。根据我国《公司法》的规定，劳务、信用出资是明确禁止的，立法者可能是考虑到劳务存在着无法转让的问题，而信用也有难以变现的问题。但从现实来看，在公司运营过程中，人的因素远比财产因素重要。

劳务、信用出资的利弊分析：

优势：劳务和信用一旦被允许作为出资形式，对于社会来说，可以利用广泛的和可以挖掘的资源来为社会创造财富。对于公司来说，放宽股东的出资后，将会鼓励难以计数的股东将沉睡多年的资本进行投资创业，无疑会增加它的资本来源，利用一切可以利用的来赚取利润，实现价值的增值，最终造福社会。而对于这些资源的拥有者来说，他们有机会去投资，能够在缺乏现金的情况下参与市场竞争，为改变这部分人的命运提供了一个契机。

弊端：一是它们本身不易估量，对于信用来说，信用的两个特点使其在资本信用之下存在致命的出资缺陷：第一，价值难以界定。信用的无形较之知识产权更难以把握，既没有商标证书或专利证书之类的权利表现形式，也无法就信用之上的权益在当事人间作有效的分割。同时，对同样的信用，不同的人基于不同的立场或由不同的公司利用，都会有完全不同的评价或利用效果。第二，无法有效移转。信用的原有人可以有效地展示和利用其信用，但信用的受让人不一定就能利用这种信用，如果信用原有人配合，受让人还可能能够利用，而在原有人不予配合时，受让人可能就无法利用。在资本信用体系之下，既然公司资本被作为公司债权的基本担保，既然以公司的资本作为判断其偿债能力的标志，信用的此种特点就决定了在过去其不可能成为出资的对象，被计入公司的资本。第三，无法达到出资的要求，出资的要求之一是将其所有权转移于公司，因为信用从本质上说具有很强的人身性，难以将其移转于公司。

而对于劳务来说，劳务，包括简单的体力劳动，也包括复杂的、高级的技术或管理性的工作。毫无疑问，劳务出资具有经营的功能，甚至是极强的经营功能。企业的经营活动以劳动者、劳动工具和劳动资料为基本的经营要素，其中劳动者所提供的正是各种各样的劳务，任何公司都不可能缺少对劳务的需要，都不可能离开人的工作和管理，但是它在转让性方面颇受限制。

二是对债权人不利，当公司陷于危机时，劳务和信用不易变现，不利于保护债权人的利益，这恐怕是多年没有被纳入法定形式的主要原因。

但笔者认为在给劳务、信用出资加以一定的限制基础上，完全可以把劳务、信用作为一类新型出资。

第一，劳务、信用是可以用货币估价的。根据马克思的观点，活劳动本身是商品，也具有价值。既然是有价值，它当然是可以用货币来衡量的。而信用通常利用的方法是允许公司使用股东的名称从事交易活动或股东为公司债务提供担保等，它作为一种商业评价和信誉，不仅是商事主体所能拥有的无形资产，更是其开展营业活动的重要条件，有的公司甚至可以在几乎没有任何资产能力的情况下靠其卓越的信用而获得经营的资源，对于某些从事特殊经营的公司而言，良好的信用甚至较之雄厚的资本更为重要，所以它是一种可以用货币来衡量的无形资产。而且在当今社会，银行系统都会有信用评价体系，根据一个人的信用来进行放贷，不能不说明它是可以用货币估价的。

第二，劳务、信用出资，可以通过担保的方式实现转让。这个解决的办法就是：在限制这种出资所占比例（比如不超过20%）的同时让出资人提供一定数量的担保。

（二）债权出资

在20世纪90年代末，我国就曾尝试过债转股，其内容是：将企业的欠债，主要是国有企业欠商业银行的无法清偿的贷款，转为金融资产管理公司对企业的投资，以资产管理公司作为股东行使出资人的权利。债转股成功实现的话意味着双赢，对于银行而言，企业无法偿还的贷款从银行剥离出去，减少了银行的坏账和经营风险；对于企业而言，原本到期要还本付息的债务变成了参加企业分红的股权，也减轻了企业的利息负担，提高了企业的竞争力。但当时很多学者认为该做法明显违反《公司法》有关出资的规定。

根据2005年《公司法》的出资标准，债权则是可以作为出资标的物的。首先，债权能够以货币估价。其次，债权原则上是可以依法转让的，这是出资能够交付给公司应具备的条件。《合同法》第七十九条规定了债权转让的标准："债权人可以将合同的权利全部或者部分转让给第三人，但有下列情形之一的除外：（1）根据合同性质不得转让；（2）按照当事人约定不得转让；（3）依照法律规定不得转让。”根据《合同法》规定，债权人转让权利的，无须债务人同意，但应当通知债务人。未经通知，该转让对债务人不发生效力。债权人转让权利的通知不得撤销，但经受让人同意的除外。债权人转让权利的，受让人取得与债权有关的从权利，如抵押权，但该从权利专属于债权人自身的除外。从以上规定可以看出，债权作为出资在法律上不存在障碍。

但是，在评判债权能否作为出资时，我们还必须看到，债权出资确实存在与其他出资方式不同的特殊风险与问题，这也正是一些国家立法不允许或限制以债权出资的理由。作为出资的债权有可能因债务人主、客观方面的各种原因而不能实现或不能全部实现，可能因出资的债权人与债务人之间发生的争议或存在的其他法律关系而影响公司债权的实现（如《合同法》规定，债务人对债权让与人的抗辩可以向受让人主张；债务人对债权人享有的抵销权，不受债权转让的影响），甚至可能出现债务双方恶意串通、捏造虚假债权出资，对同一债权进行重复转让等损害公司及其债权人利益的欺诈行为。这些因素使得债权出资的方式在实践中的风险较大，且难以控制，可能使公司、其他股东以及公司债权人的利益受到损害。

笔者认为，从谨慎的角度考虑，允许以对他人之债权出资，则需采取严格的限制措施。

首先，此类债权出资人应当对其出资提供相应的担保，如到期公司不能收回出资债权，可以无条件（即可不经诉讼）执行担保以保障资本之充实，并维护债权人的利益。如果出资的债权最终仍不能实现，不仅债权出资人应当对公司承担法律责任，公司的其他发起人股东也应对此承担连带责任。而在股东内部，同意以该债权作为对公司出资的其他股东还应对其他股东承担赔偿责任。

其次，在出资的债权到期收回之前，也就是实际缴纳出资之前，可考虑在章程中规定，出资的股东不得对公司行使相应的股权，如不得分取股利，不得行使表决权等，以合理协调股东之间的关系。①

二、股东是否履行出资义务的认定

股东无论以公司法允许的何种类型出资方式出资，都应按照合同约定，及时、足额转移到公司名下。但司法实践中有关股东是否已经履行出资义务的纠纷很多，鉴于此，我国《公司法》司法解释（三）作了具体的规定。

---

① 赵芬萍，王欣新．论债权出资，中国民商法网．

（一）股东未履行出资义务的情形

我国《公司法》司法解释（三）第八条："出资人以划拨土地使用权出资，或者以设定权利负担的土地使用权出资，公司、其他股东或者公司债权人主张认定出资人未履行出资义务的，人民法院应当责令当事人在指定的合理期间内办理土地变更手续或者解除权利负担；逾期未办理或者未解除的，人民法院应当认定出资人未依法全面履行出资义务。"

第九条："出资人以非货币财产出资，未依法评估作价，公司、其他股东或者公司债权人请求认定出资人未履行出资义务的，人民法院应当委托具有合法资格的评估机构对该财产评估作价。评估确定的价额显著低于公司章程所定价额的，人民法院应当认定出资人未依法全面履行出资义务。"

第十条："出资人以房屋、土地使用权或者需要办理权属登记的知识产权等财产出资，已经交付公司使用但未办理权属变更手续，公司、其他股东或者公司债权人主张认定出资人未履行出资义务的，人民法院应当责令当事人在指定的合理期间内办理权属变更手续。"

第十二条："公司成立后，公司、股东或者公司债权人以相关股东的行为符合下列情形之一且损害公司权益为由，请求认定该股东抽逃出资的，人民法院应予支持：（1）将出资款项转入公司账户验资后又转出；（2）通过虚构债权债务关系将其出资转出；（3）制作虚假财务会计报表虚增利润进行分配；（4）利用关联交易将出资转出；（5）其他未经法定程序将出资抽回的行为。"

（二）股东已经履行出资义务的认定

第十一条："出资人以其他公司股权出资，符合下列条件的，人民法院应当认定出资人已履行出资义务：（1）出资的股权由出资人合法持有并依法可以转让；（2）出资的股权无权利瑕疵或者权利负担；（3）出资人已履行关于股权转让的法定手续；（4）出资的股权已依法进行了价值评估。股权出资不符合前款第（1）、（2）、（3）项的规定，公司、其他股东或者公司债权人请求认定出资人未履行出资义务的，人民法院应当责令该出资人在指定的合理期间内采取补正措施，以符合上述条件。"

第三章

公司的设立

GONGSI DE SHELI

第一节 公司的设立原则

一、公司设立原则概述

从公司发展的历史看，不同的历史时期法律对公司设立所采取的原则是不同的，总的趋势是设立的限制性条件越来越少，公司设立从禁止主义到限制主义最后走向自由主义。法学界在讨论公司设立原则时将其分为自由主义、特许主义、核准主义和准则主义，其中准则主义又分为单纯准则主义和严格准则主义。

（一）自由主义原则

又称放任主义原则，即创办人可以自由设立公司，国家完全不予干涉。根据这一原则，公司设立完全听凭当事人自由，是否成立公司、成立何种公司、怎样成立公司、何时成立公司，法律不加任何干涉。一般认为自由设立主义盛行于欧洲中世纪公司蓬勃发展的时候，法律对公司的立法态度是既不承认商业公司的类似现在“法人”的地位，也不对公司的设立主动干涉，这与当时的法人理论与法人制度尚不完善有很大关系。但事实上用现在的公司制度反观中世纪的所谓公司，不难发现，那时候的公司根本就不具备现在意义上公司的概念，最多可以算是合伙。在这种意义上说，自由主义原则甚至不能把它当做公司设立的原则。如果这也算一个原则，这原则极易造成公司的任意滥设，有害于社会秩序的稳定，事实上它很快被特许主义原则所代替。

（二）特许主义原则

是指公司只有经过国王或国会的特许才可设立。在这一原则下，成立公司是一种由国家元首或法令赋予的特权。这一原则的出现，一方面是社会分工与商业行会发展的结果，社会分工必然导致越来越多的行会的出现，而行会多了自然就会要求法律上明确其经营范围，经营范围的混乱必然导致纠纷的增多；另一方面是当时政府与国会行使权力与推行政策的需要。虽然这种做法杜绝了滥设公司的现象，但公司设立过于严格，手续复杂，且容易造成机会不均等，特别是从19世纪以后，实行特许方式设立公司已不能适应资本主义经济迅速发展的要求，因而导致了西方国家的公司由特许设立向核准设立的转变。

（三）核准主义原则

又称许可主义原则，即公司设立除符合有关法律规定外，还须经有关行政机关审查批准。核准设立与特许设立的区别，一是表现在核准权与特许权的不同上，核准权是行政权，而特许权是立法权；二是表现在遵循的法律性质的不同上，核准主义遵循的是一般法律，特许主义依照的是特别法令。该原则在 18 世纪的德国、法国比较流行。核准主义原则虽然比特许主义原则为公司设立人提供了均等机会，公司的设立能够得到有效的控制而不至于泛滥，但由于其设立程序的严苛，有碍于公司的发展，这一原则除了适用设立与国计民生有密切关系的公司外也已经不合潮流。

（四）准则主义原则

准则主义原则又分为单纯准则主义与严格准则主义，单纯准则主义原则是指公司设立的必要条件由法律作出统一规定，凡是公司创办人认为符合法定条件的，不需经任何行政机关的审批，公司即可设立并取得法人资格。虽然单纯准则主义原则一般也须登记，但这种登记已经不同于核准主义的登记，登记机关只进行形式上的审查，事实上的登记，而不进行实质上的审查与审批。然而这种单纯的准则主义一经实行，即造成滥设公司现象的严重后果。为此，各国开始寻找一种新的公司的设立方式，以利于公司的发展和社会经济秩序的稳定，严格准则主义在这种情况下应运而生。

严格准则主义是指在严格规范公司设立条件、加重公司设立责任的同时，增加了法院判定设立或行政机关设立登记的监督公司设立的程序。这种设立原则既不像特许主义与核准主义繁琐严格，限制公司发展，又不像自由主义和单纯准则主义那样放任自由，造成滥设公司，所以自 19 世纪末，大多数国家均采用这种原则设立公司。

二、我国公司的设立原则

我国《公司法》第六条规定：设立公司，应当依法向公司登记机关申请设立登记。符合本法规定的设立条件的，由公司登记机关分别登记为有限责任公司或者股份有限公司；不符合本法规定设立条件的，不得登记为有限责任公司或者股份有限公司。法律、行政法规规定设立公司必须报经批准的，应当在公司登记前依法办理批准手续。

上述规定一方面借鉴国外《公司法》先进经验，对一般的有限责任公司采取严格准则主义原则设立，只要经过工商行政机关的登记，公司就能成立。另一方面考虑到我国公司发展现状和实际情况，对特殊的有限责任公司和股份有限公司采取核准主义原则设立，主要是对涉及国家安全、公共利益和关系国计民生等特定行业和项目的，适用核准主义原则。

设立股份有限公司，考虑到其股份发行涉及社会资金流向和众多股票投资者的利益，加上相关法律不配套和执行法律力度不够，尽管新《公司法》没有像旧《公司法》一样规定一律适用核准设立主义，但大多数情况下还是会采取核准主义，尤其像银行、保险、证券等行业，必须经过国务院授权部门或省级人民政府批准。按照我国行政机关的管辖权限，公司主要发起人为中央部、委直属企业的，公司审批部门为国务院授权部门，一般指国家经济体制改革委员会；公司主要发起人为地方企业的，一般由省级人民政府作为公司审批部门。实际上由于我国目前股份有限公司的发起人企业大多都有行业主管部门，因此，在报送公司审批部门批准之前，公司的设立申请尚需报送行业主管部门并得到许可。这样，股份有限公司的设立需得到两次行政许可：行政主管部门的许可以及公司审批部门（国务院授权部门或省级人民政府）的批准。

第二节　有限责任公司的设立

有限责任公司设立的条件

根据我国《公司法》第二十三条的规定，设立有限责任公司应当具备以下 5 项具体条件：

（一）股东人数符合法定人数

股东人数符合法定人数包含两个方面的含义：一是法定资格；二是法定人数。[①]

所谓法定资格，是指国家法律、法规和政策规定的可以作为股东的资格。根据《公司法》的规定，除对设立国有独资的有限责任公司的发起人的资格规定为必须是国家投资外，没有作其他限制性规定。这表明除国有独资的有限责任公司外，任何法人和自然人都可以设立有限责任公司，而且对发起人的国籍也没有具体限制。但是依

① 赵旭东．新公司法讲义．人民法院出版社，2005 年 12 月版，第 305 页．

据我国有关法律规定，党政机关及国家公务人员不能作为公司股东。

所谓法定人数，是指《公司法》规定的设立有限责任公司的股东人数。1993 年《公司法》明文规定，有限责任公司的股东为 2 人以上 50 人以下，例外情形下，国家授权投资的机构或者国家授权的部门可以单独投资设立国有独资的有限责任公司。2005 年《公司法》则对有限责任公司的股东限定为 50 人以下，允许一个法人或一个自然人投资设立一人有限责任公司，或由国有资产管理机构代表国家设立国有独资公司。

（二）股东出资达到法定资本最低限额

设立有限责任公司，股东出资须达到法定最低资本额。这一规定的目的，是为了防止滥设有限公司，股东没有出资，公司就不可能设立。有限责任公司必须自己拥有并达到法定的最低注册资本额，才能保证生产经营的顺利进行，才能进行债务和风险的承担。我国有限责任公司注册资本的最低限额为人民币 3 万元。法律、行政法规对有限责任公司注册资本的最低限额有较高规定的，从其规定。

（三）股东共同制定公司章程

公司章程，由发起人亲自起草或由发起人委托的专业人士起草，经全体发起人一致同意，签名盖章，各执一份。一个公司如果没有公司章程，就得不到政府行政部门的批准，也就无法成立。

（四）有公司名称，并建立符合有限公司要求的组织机构

设立有限公司，须有公司名称，包含有两层含义：一是选用公司名称除应符合企业法人名称的一般性规定，譬如禁止使用具有歧视性含义的名称，依据《公司法》第六条的规定，还应当在其名称中标明“有限责任公司”或“有限公司”的字样；二是公司的名称应该在设立以前依法获得预核准登记。

有限责任公司除要拥有自己的名称外，还要求建立符合有限责任公司要求的内部组织机构。即一般应设立股东会、董事会、公司业务及监事会，使各部门各司其职，各负其责，共同协作，互相制衡，实现高效而有效益的正常运转。规定这些部门各自的权利和义务，由公司章程和公司内部细则加以补充，使他们互相协调，才能实现对公司事务的有效管理。

（五）有固定的生产经营场所和必要的生产经营条件

有限责任公司的生产经营场所是公司进行生产、经营、服务活动的场所，是公司开展其生产经营活动的所在地，该场所可以是一个，也可以是多个。与公司生产经营场所相关的另一个概念是“公司住所”。公司住所是公司的主要办事机构所在地，是公司的法定注册地址，是公司章程的必要记载事项和公司注册登记事项之一，因此，从法律上确认公司的住所具有重要的意义。公司住所当然是公司最重要的生产经营场

所，但公司的生产经营场所并不仅限于公司的住所。

生产经营条件是指除了生产经营场所、注册资金之外还应具备与其生产经营规模所需要的其他条件，诸如生产经营所需的厂房、设备、运输工具、专业技术人员等等。

第三节　有限责任公司设立的程序

由于有限责任公司是一种非公众性、封闭性的法人，所以其设立方式只能以发起人设立为限，不能采用募集设立方式。根据《公司法》及相关法律的规定，设立有限责任公司一般应经过如下程序：

（一）发起人发起

发起人发起是有限责任公司设立的预备阶段。在这个阶段，发起人要确立设立公司的意向，对拟设立的有限责任公司进行可行性研究，并做设立公司的必要准备。当发起人有数人时，发起人之间应签订书面协议，也称为投资协议或股东协议书，以明确各发起人在公司设立过程中的权利和义务。在法律上，发起人协议被视为合伙协议。如果公司设立成功，该协议履行完毕，因公司设立所生之权利义务由公司承担；如果公司设立不成，如因设立对外所发生之债务，则应依设立协议由设立人对第三人承担无限连带责任。

（二）公司名称的预先核准

公司名称是公司章程的必要记载事项之一，也是公司注册登记的必要登记事项之一，而且在公司的设立过程的若干环节如申请批准、申请登记等也必须使用公司名称。为规范发起人对公司名称的选用，我国《公司登记管理条例》和《企业名称登记管理实施办法》均规定，设立有限责任公司时，应向公司登记机关申请拟设立公司的名称预先核准。

（三）制定公司章程

有限责任公司发起人应当共同起草章程条款，商定章程的内容，章程条款起草完毕后，应当由全体发起人共同同意通过（《公司法》第十一条）。全体发起人应当在公司章程上签名、盖章（《公司法》第二十五条）。

（四）办理必要的行政审批

发起人如设立哪些法律、行政法规规定对其设立需要报经审批的有限责任公司，则应当按照有关的法律、行政法规的规定，办理必要的审批手续。《公司法》第六条第二款规定：“对于法律、行政法规规定必须报经批准的，应当在公司登记前依法办理批准手续。”

根据我国法律的规定，需要办理审批的有限责任公司有以下几类：

一是法律、法规规定必须经审批的，如设立经营证券业务的有限责任公司，就应事先经证券管理部门的批准；

二是公司营业项目中有必须报经审批的公司，如设立烟草买卖方面的公司，就必须经过国家烟草管理部门进行审批方可设立。

（五）缴纳出资和验资

验资是经依法设立的验资机构，对股东的全部出资的价值和真实性进行检验并出具检验证明的行为。这类依法设立的验资机构通常包括会计师事务所、资产评估事务所等。根据《公司法》第二十九条的规定，股东的出资必须经过依法设立的验资机构进行检验，并由验资机构出具验资证明才具有法律效力。

股东应当足额缴纳公司章程中规定的各自所认缴的出资额（《公司法》第二十八条第一款）。如果发起人不按照规定缴纳所认缴的出资，应当向已足额缴纳出资的发起人承担违约责任（《公司法》第二十八条第二款）。

有限责任公司成立后，发现作为设立公司出资的非货币财产的实际价额显著低于公司章程所定价额的，应当由交付该出资的股东补足其差额；公司设立时的其他股东承担连带责任（《公司法》第三十一条）。

有限责任公司成立后，应当向股东签发出资证明书。出资证明书应当载明下列事项：（1）公司名称；（2）公司成立日期；（3）公司注册资本；（4）股东的姓名或者名称、缴纳的出资额和出资日期；（5）出资证明书的编号和核发日期。出资证明书由公司盖章。

第四节　股份有限公司的设立

一、股份有限公司的设立条件

（一）股份有限公司设立行为的法律性质

公司成立之前的设立行为是一种法律行为，已毫无疑义，问题是该行为到底属于何种性质的法律行为，法律界有不同的看法，归纳起来大致有以下三种观点：

1. 契约说。该学说认为公司的设立行为是一种契约，发起人为达到共同的目的订立协议、订立公司章程，都是以当事人的合意为基础，并对当事人具有约束力的民事法律行为。这种学说的最大缺陷在于发起人之间的平行非对等的权利义务关系与民事契约的对等的交错的权利义务关系不相符合。因而这种学说没有多大的市场。

2. 单独行为说。这种学说认为公司的设立行为实质上是一种股东以组织公司为目的的个别单独行为的竞合，该学说又分为联合单独行为说与偶合单独行为说，但不管是在共同目的下的联合单独行为还是各怀目的的偶然结合到一起的偶合单独行为，事实上公司设立一般是全体发起人在取得设立公司的意思表示一致的基础上为实现共同的目标而为的共同行为。所以单独行为说是站不住脚的。

3. 共同行为说。这种学说认为公司设立行为是发起人为了一个共同的目的——让公司取得法人资格而为的共同法律行为。发起人之间意思表示一致，共同享有相应的权利和承担相对的法律责任。这一学说得到大多数人的认同，被视为通说。

（二）股份有限公司的设立与成立的区别

要理解股份有限公司设立的含义，还必须把它与股份有限公司的成立区分开来。公司的成立是指已经具备了法律规定的实质要件，完成了申请设立注册登记等程序，经公司审核登记机关审核发给营业执照，从而取得法人资格的法律事实，是一种静态的法律事实。而公司的设立正如上述所说是一种动态的过程。两者的区别有：

1. 两者发生的阶段不同

公司的设立与成立是取得公司主体资格过程中一系列连续行为的两个不同的阶

段：公司的成立日期往往是公司获得营业执照的日期。而公司的设立则是旨在获得法人资格的整个过程，可以说公司的设立是公司成立的必经程序，公司的成立则是公司设立的法律后果，但不是必然后果。

2. 两者的行为性质不同

设立行为是一系列行为的总和，各个行为虽然不尽相同，但他们主要发生在发起人之间，其行为要素是发起人之间的意思表示，遵循平等、自愿、诚实等基本原则，在性质上是一种民事法律行为，是私法行为；而成立行为发生在发起人与登记机关之间，以主管机关发给营业执照为要素，此时的行为主要是登记机关的行政许可行为，是一种行政行为，是公法行为。

3. 两者的法律效力不同

公司在被核准登记成立之前，尚不具备独立的主体资格，其内外部关系一般被视为合伙，即使设立行为已经完成，只要未取得营业执照，就不能以公司的名义对外开展经营活动。因此，设立行为如果公司最终未被核准登记获得法人资格，因设立公司所发生的债权债务关系，由发起人之间承担连带法律责任，如果被核准登记，意味着公司已经成立，因而在公司设立过程中产生的权利义务法律责任由成立后的公司承担。

（三）股份有限公司的设立条件

根据我国《公司法》第七十七条规定，公司的设立必须符合以下 6 个方面的条件：

1. 发起人符合法定的人数

股份有限公司的发起人可以是自然人，也可以是法人，但发起人中须有过半数的人在中国境内有住所。设立股份有限公司，必须达到法定的人数，应有 2 人以上的发起人。规定发起人的最低限额，是设立股份有限公司的国际惯例。如果发起人的最低限额没有规定，一则发起人太少难以履行发起人的义务，二则防止少数发起人损害其他股东的合法权益。新《公司法》降低了要求，过去要求 5 人以上，现在只要求 2 人以上的发起人。对发起人的最高限额一般无规定的必要，但《公司法》对发起人作出了 200 人以下的要求，这主要是为了防止变相的非法集资行为。

2. 发起人认缴和募集的股本达到法定的最低限额

股份有限公司须具备基本的责任能力，为保护债权人的利益，设立股份有限公司必须要达到法定资本额。我国股份有限公司的资本最低限额不得低于 500 万元人民币。对有特定要求的股份有限公司的注册资本最低限额需要高于上述最低限额的，由法律、行政法规另行规定，如保险公司、证券公司等就有更高的要求。

3. 股份发行、筹办事项符合法律规定

股份的发行是指股份有限公司在设立时为了筹集公司资本，出售和募集股份的法律行为。这里讲的股份的发行是设立发行，是设立公司的过程中，为了组建股份有限公司，筹集组建公司所需资本而发行股份的行为。设立阶段的发行分为发起设立发行和募集设立发行两种。发起设立发行是指由公司发起人认购应发行股份的一部分，其余部分向社会公开募集，并由社会公众认购该股份的行为。

股份有限公司的资本划分为股份，每一股的金额相等。公司的股份采用股票的形式。股份的发行实行公开、公平、公正的原则，且必须同股同权、同股同利。同次发行的股份、每股的发行条件、发行价格应当相同。

以发起方式设立股份有限公司的，发起人以书面认足公司章程规定及发行的股份后，应即缴纳全部股款。

以募集方式设立股份有限公司的，发起人认购的股份不得少于公司股份总数的35%，其余股份应当向社会公开募集。发起人向社会公开募集股份时，必须依法经国务院证券管理部门批准，并公告招股说明书，制作认股书，由依法批准设立的证券经营机构承销，签订承销协议，同银行签订代收股款协议，由银行代收和保存股款，向认股人出具收款单据。招股说明书应载明下列事项：（1）发起人认购的股份数；（2）每股的票面金额和发行价格；（3）无记名股票的发行总数；（4）认股人的权利、义务；（5）本次募股的起止期限及逾期募足时认股人可以撤回所认股份的说明。

4. 发起人制定公司章程，采取募集方式设立的经创立大会通过

股份有限公司的章程，是股份有限公司重要的文件，其中规定了公司最重要的事项，它不仅是设立公司的基础，也是公司及其股东的行为准则。因此，公司章程虽然由发起人制订，但以募集设立方式设立股份有限公司的，必须召开由认股人组成的创立大会，并经创立大会决议通过。

5. 有公司名称，建立股份有限公司的组织架构

名称是股份有限公司作为法人必须具备的条件。公司名称必须符合企业名称登记管理的有关规定，股份有限公司的名称还应标明“股份有限公司”字样。

股份有限公司必须有一定的组织架构，对公司实行内部管理和对外代表公司。股份有限公司的组织机构是股东大会、董事会、监事会和经理层。股东大会作出决议；董事会是执行公司股东大会决议的执行机构；监事会是公司的监督机构，依法对董事、经理和公司的活动实行监督；经理是由董事会聘任，主持公司的日常生产经营管理工作，组织实施董事会决议。

6. 有公司住所

公司住所既是公司运营的场所，也是一旦发生诉讼的法律文书的送达地。只有有

固定的经营场所，才能保证交易的安全，才能保证债权、债务人有效地行使权利与履行义务。

二、股份有限公司的设立方式

股份有限公司设立的方式可以分为以下两种：

（一）发起设立

发起设立又称“同时设立”、“单纯设立”，是指发起人认足公司的全部资本而设立公司。这种方式各种类型的公司都可采用，有限责任公司只能采取这种方式设立公司。发起设立在程序上较为简便，许多国家公司法都规定了此种设立方式。其资本的筹集不需要履行复杂的招股程序，大大地缩短了公司成立的周期，节约公司的费用与成本。其严重不足在于发起人需要一次性认购公司的全部资本，出资责任重，对于资金需求量大的股份有限公司而言，采取发起设立确实会难堪重任，因此，设立股份有限公司就最好不要采取发起设立这种方式。

对于股份有限公司采取发起设立方式，我国《公司法》第七十八条规定：股份有限公司的设立，可以采取发起设立或者募集设立的方式。难能可贵的是，针对股份有限公司采取发起设立的缺陷，我国《公司法》第八十一条规定：股份有限公司采取发起设立方式设立的，注册资本为在公司登记机关登记的全体发起人认购的股本总额。公司全体发起人的首次出资额不得低于注册资本的20%，其余部分由发起人自公司成立之日起两年内缴足；其中，投资公司可以在五年内缴足。在缴足前，不得向他人募集股份。这一规定，缓解了发起人一次性缴足出资的困难，有利于公司的成立与发展。

（二）募集设立

募集设立，是指由发起人认购公司应发行股份的一部分，其余股份向社会公开募集或者向特定对象募集而设立公司。由于有限责任公司不能向社会公开发行股份，所以只有股份有限公司可以采取这种方式设立公司。但也有的国家没有规定募集设立的方式，只是规定在股份有限公司成立前不得发行股票。也就是说，只允许发起设立公司，然后以公司的名义公开发行股票。采取募集方式设立公司，要筹集齐资本总额，要经历前后两个阶段，一个是发起人认购法律规定额度内的股份，另一个是向社会募集剩余的股份，所以募集设立又叫“渐次设立”。由于募集设立中发起人只是认购一部分股份，剩余部分要向社会公开募集，而向社会公开募集的程序相当的复杂，所以募集设立也叫“复杂设立”。

与发起设立相比，募集设立在吸收社会分散资金上的优势是不容置疑的，它通过吸收社会闲散资金在短期内筹集巨额资本，分散了筹集资本的风险，大大缓解了发起人的出资压力，从而让公司迅速建立起来。但募集设立的缺陷也是不容忽视的，第一，股权高度分散，公司运营非常被动地受制于证券交易市场，不利于股东对公司的控制，这种风险高度分散与权力高度分散是成正比的，是各个国家在立法的时候重点谋求解决的问题之一。第二，设立程序复杂。既要办理设立公司的手续，也要办理股份发行的审批手续，既要遵守《公司法》的规定，又要遵守《证券法》的有关规定，还有可能受国家金融政策调控的制约。第三，或许更重要的是，这种设立方式还有可能被不法分子作为欺诈的手段，一是借募集设立公司之名，行非法集资之实；二是借向社会公开发行股票，在公司获得创设利润后，将获得的利润转走，然后将公司中自己的股份转让，骗取了钱财，社会公众的利益则受到损害，而且容易造成社会的不稳定。

针对募集设立的种种弊端，或许在采取募集设立这种方式设立公司时要三思而后行，但募集设立方式的筹集资金的巨大优势吸引着大量的投资者，只要我们在立法逻辑上周密考虑是可以尽量克服其弊端的，各国对以募集方式设立公司，发起人认购的股份比例均有限制性规定，以防止发起人完全凭借他人资本开办公司，自己不承担任何财产责任。我国《公司法》第八十五条规定：以募集设立方式设立股份有限公司的，发起人认购的股份不得少于公司股份总数的35%；但是，法律、行政法规另有规定的，从其规定。

三、股份有限公司的设立程序

由于股份有限公司的设立很有可能涉及公众利益，因而各国公司法对此都从严要求，无论是公司的成立条件还是设立的程序都比较严格。股份有限公司的设立指的是为正式成立股份有限公司、取得法人资格而依法进行的一系列筹建准备行为。股份有限公司的设立程序因发起设立和募集设立的不同而有所区别，下面就这两者情况分别进行介绍。

（一）发起设立的程序

1. 发起人之间以书面形式订立发起人协议。发起人协议是公司设立程序的第一步，它是发起人之间以书面形式表达的有关公司的组建方案、发起人之间的职责分工等的共同意思。发起人协议通常包括以下一些主要内容：发起人的姓名以及住所；公司拟发行的股份类别，每股的面值、发行价；每个发起人的认购数额、出资类别；发起人缴纳股款、交付现物、转让财产权利的时间和方式以及发起费用的预算、开支和每一个发起人的发起费用的负担等。

2. 发起人认购股份。根据《公司法》第八十四条规定：以发起设立方式设立股份有限公司的，发起人应当书面认足公司章程规定其认购的股份；发起人在获得政府主管机关批准后，应当认购公司应发行的全部股份。认购用书面形式，载明认购人的姓名或名称、住所、认购数、应交股款金额、出资方式，由认股人填写、签章，认购书一经填妥并签署，即具有法律约束力。

3. 发起人按照协议的规定缴纳出资。发起人认购股份后，应当缴纳其所认购股份的全部股款。发起人缴纳出资的方式主要有以现金缴纳或者用实物、工业产权、非专利技术、土地使用权来抵充股款。以现金之外的其他财产或财产权利出资的需要由有关的中介结构进行评估，并且要依法办理有关的财产权利的转移手续。《公司法》第八十四条规定：一次缴纳的，应立即缴纳全部出资；分期缴纳的，应立即缴纳首期出资。以非货币财产出资的，应当依法办理其财产权的转移手续。发起人不按照前款规定缴纳出资的，应当按照发起人协议的约定承担违约责任。

4. 发起人交付全部出资以后，选举董事会和监事会。根据《公司法》第八十四条规定：发起人首次缴纳出资后，应当选举董事会和监事会。

5. 申请设立登记。在选举出董事会与监事会后，由董事会向公司登记机关报送公司章程、由依法设定的验资机构出具的验资证明以及法律、行政法规规定的其他文件，申请设立登记。

（二）募集设立的程序

1. 发起人首先要做的是与前述的发起设立的程序中前两步相同的步骤，有所区别的是，在发起设立中，发起人要认购全部的股份，而在募集设立中，发起人只认购全部股份中的一部分。《公司法》第八十五条规定：以募集设立方式设立股份有限公司的，发起人认购的股份不得少于公司股份总数的35%；但是，法律、行政法规另有规定的，从其规定。发起人只有缴足所认购的出资后，才能向社会公开募集股份。

2. 制定招股说明书。招股说明书是发起人向非特定的社会公众发出的认购股份的书面说明，是申请募股的必备文件，该说明书在发出以前应当经国务院证券管理部门的批准。根据《公司法》第八十六条：发起人向社会公开募集股份，必须公告招股说明书，并制作认股书。认股书应当载明本法第八十七条所列事项，由认股人填写认购股数、金额、住所，并签名、盖章。认股人按照所认购股数缴纳股款。招股说明书应当附有发起人指定的公司章程并载明下列事项：发起人认购的股份数；每股的票面金额和发行价格；无记名股票的发行总数；募集资金的用途；认股人的权利、义务；本次募股的起止期限及逾期未募足时认股人可以撤回所认股份的说明。

3. 发起人应该同依法设立的证券经营机构签订承销协议，并与银行签订代收股款的协议。发起人要募集股份，必须通过证券经营机构进行，就股份承销的方式、数量、起止日期、承销费用的计算与支付等具体事项签订承销协议；而且必须与银行签订代收股款的协议，由银行代为收取和保存认股人缴纳的股款。

4. 提出募股申请。发起人向社会公开募集股份，必须向国务院证券管理部门，即中国证券监督委员会递交募股申请。申请时，还必须同时报送《公司法》规定的一些文件，比如公司章程、经营估算书、发起人的姓名、认购的股份数等。

5. 经国务院证券管理部门审批。国务院证券管理部门对发起人递交的募股申请依法进行审查，根据《股票发行与交易管理暂行条例》第八条规定：设立股份有限公司申请公开发行股票，应当符合下列条件：

（1）其生产经营符合国家产业政策；

（2）其发行的普通股限于一种，同股同权；

（3）发起人认购的股本数额不少于公司拟发行的股本总额的 35%；

（4）在公司拟发行的股本总额中，发起人认购的部分不少于人民币 3000 万元，但是国家另有规定的除外；

（5）向社会公众发行的部分不少于公司拟发行的股本总额的 25%，其中公司职工认购的股本数额不得超过拟向社会公众发行的股本总额的 10%，公司拟发行的股本总额超过人民币 4 亿元的，证监会按照规定可以酌情降低向社会公众发行的部分的比例，但是最低不少于公司拟发行的股本总额的 10%；

（6）发起人在近三年内没有重大违法行为；

（7）证券委规定的其他条件。

同时根据《股票发行与交易管理暂行条例》第九条规定：原有企业改组设立股份有限公司申请公开发行股票，除应当符合本条例第八条所列条件外，还应当符合下列条件：

（1）发行前一年末，净资产在总资产中所占比例不低于 30%，无形资产在净资产中所占比例不高于 20%，但是证券委另有规定的除外；

（2）近三年连续盈利。

国有企业改组设立股份有限公司公开发行股票的，国家拥有的股份在公司拟发行的股本总额中所占的比例由国务院或者国务院授权的部门规定。

经国务院证券管理部门审查符合法律规定条件的募股申请，予以批准；不符合条件的不予以批准。未经国务院证券管理部门批准，发起人不能向社会公开募集股份。

6. 募股申请经国务院主管部门批准后，发起人应该公告招股说明书，并制作认股书。公告招股说明书是应该根据所要募集的范围在相应的报纸杂志上予以公告。同时，发起人必须制作认股书，认股书应载明《公司法》所要求的内容，由认股人填写有关事项，比如认购的股数、金额、认股人的住所等，并签名、盖章。认股人认股后，应按所认股数缴纳股款。

7. 取得验资证明。发起人在股款募足以后，必须请中立的机构或专家出具证明全部股份已经如数缴纳的文件，这一文件是申请公司注册的必备文件。根据《公司法》第九十条规定：发行股份的股款缴足后，必须经依法设立的验资机构验资并出具证明。发起人应当在30日内主持召开公司创立大会。创立大会由认股人组成。发行的股份超过招股说明书规定的截止期限尚未募足的，或者发行股份的股款缴足后，发起人在30日内未召开创立大会的，认股人可以按照所缴股款并加算银行同期存款利息，要求发起人返还。另外，如果同时出现公司创立大会作出不设立公司的决定或者国务院证券管理部门撤销募股批准的，也产生返还股款本息的法律后果。

8. 召集由认股人组成的创立大会。创立大会的工作主要是选举董事会、监事会成员，审议发起人的募股情况，并作出设立公司与否的决定。《公司法》第九十条规定：发行股份的股款缴足后，必须经依法设立的验资机构验资并出具证明。发起人应当在30日内主持召开公司创立大会。创立大会由认股人组成。第九十一条规定：发起人应当在创立大会召开15日前将会议日期通知各认股人或者予以公告。创立大会应有代表股份总数过半数的认股人出席，方可举行。创立大会行使下列职权：

（1）审议发起人关于公司筹办情况的报告；

（2）通过公司章程；

（3）选举董事会成员；

（4）选举监事会成员；

（5）对公司的设立费用进行审核；

（6）对发起人用于抵作股款的财产的作价进行审核；

（7）发生不可抗力或者经营条件发生重大变化直接影响公司设立的，可以作出不设立公司的决议。创立大会对前款所列事项作出决议，必须经出席会议的认股人所持表决权过半数通过。

9. 由创立大会选举的董事会向公司登记机关报送有关文件，申请设立登记。董事会应该在创立大会结束后的法定日期内向公司的登记机关报送《公司法》要求的相关文件，申请设立公司。《公司法》规定：董事会应于创立大会结束后30日内，向公司登记机关报送下列文件，申请设立登记：

（1）公司登记申请书；

（2）创立大会的会议记录；

（3）公司章程；

（4）验资证明；

（5）法定代表人、董事、监事的任职文件及其身份证明；

（6）发起人的法人资格证明或者自然人身份证明；

（7）公司住所证明。

以募集方式设立股份有限公司公开发行股票的，还应当向公司登记机关报送国务院证券监督管理机构的核准文件。

公司登记机关自接到股份有限公司设立申请之日起30日内，依法进行审核，作出是否予以登记的决定。对符合法律规定条件的予以登记，发给公司法人营业执照。公司营业执照的签发日期为公司成立日期。

股份有限公司核准设立登记后，应于30日内发布设立公告，并应自公告发布之日起30日内，将发布的公告报送登记机关备案。公司发布设立公告的内容，应当与公司登记核准登记的内容一致，不一致的，公司登记机关有权要求公司予以更正。此外，还应将募集股份情况向国务院主管部门报告。

四、发起人的法律地位

（一）发起人的含义

股份有限公司的成立有赖于发起人的积极行为，一般而言，发起人是指为设立公司而签署公司章程、向公司认购出资或者股份并履行公司设立职责的人或组织。我国《公司法》司法解释（三）将有限责任公司设立时的股东也视为发起人。尽管发起人在不同的国家有不同的含义，但在对公司设立承担责任这一点上是相同的。按照我国《公司法》的规定。发起人有制定公司章程，认购公司股份，并承担公司筹办事务的义务，这种规定与大多数大陆法系国家的规定是一致的。

（二）发起人的法律地位

由于发起人负有出资或认购股份的义务，所以在公司成立后即成为公司的首批股东，但发起人又不能与认股人、股东等同起来。发起人、认购人和股东都是公司股份的认购人，这是他们的相同之处。但发起人是在公司成立之前参加公司设立活动的人，认购公司股份是发起行为的重要组成部分，在公司成立之前发起人是公司的筹备负责人，对外代表正在成立的公司，对内执行设立任务，只有公司领取营业执照正式成立，才能转为公司的股东。认股人是在公司发起人募集股份时依法认购所发行股份的人，在公司成立之前认股人虽然缴清了认购的全部股份，但还不能成为股东，只有当公司成立后，认股人才成为真正的股东。对发起人的法律地位可以从以下方面加以界定：

1. 发起人是公司筹办期间的代表人

作为公司的筹备负责人，对外代表正在成立的公司，对内执行设立任务，在公司的筹办过程中要承担订立协议、起草有关文件、认缴法定股份、选举董事监事、申请设立公司等具体事项。积极组建公司并让其取得经营资格与法人资格是发起人的基本职责与任务。

2. 发起人是未来公司股份的认购人

在众多的参与公司组建人员当中，包括资产评估人员、验资人员、审计人员、律师等，他们可能都不是公司股份的认购人，只有真正依法认购一定股份的人才是公司的发起人。这是发起人必备的基本条件，在这个意义上说，认购未来公司的股份是发起人的重要标志。

3. 发起人是对公司的设立行为承担法律责任的人

股份有限公司的设立行为是一种法律行为，这在前面已经提及，因为一旦公司并未真正成立，那么应当由发起人来承担设立过程中对他人造成损失的法律责任。各国都在立法上规定为了确保公司的顺利建立，维护社会公众的利益和社会的稳定，防止公司设立中的欺诈，对发起人在公司设立过程中的义务和责任都作了具体规定。我国《公司法》亦不例外，对发起人也作出了承担法律责任的严格规定。因此，发起人是必须对设立行为承担法律责任的人。

与发起人的这种法律地位相适应，发起人有以下一些权利：（1）设立费用返还请求权。因为发起人是设立中的公司的执行机关，其为公司设立支出的合法费用应当由公司承担，公司成立后其可以向公司行使返还请求权。（2）报酬受领权。按照按劳分配的原则，只要付出就应当得到回报，发起人在设立过程中付出的劳动应当由成立后的公司支付报酬。（3）获得特别利益权。发起人的这种权利主要指在以后公司的运营过程中获得，包括盈利分配时的优惠，新股发行时的优先认购权，清算时优先分配剩余财产的权利。（4）发起人为设立公司以自己的名义对外签订合同的权利。

（三）发起人的法律责任

发起人的法律责任是指发起人应当承担的法律后果，虽然一般来说，发起人设立公司，一旦公司成立，发起人的一切行为后果均由公司来承担，但为保证交易安全与保障社会秩序的稳定，各国公司法都对发起人的法律责任作了规定，因为股份有限公司的设立极为复杂，发起人利用筹备公司的机会，诈骗钱财的事情时有发生。

一是资本充实责任。发起人的资本充实责任是指为了确保资本的充足与可靠，保证法律人格健全，由发起人共同承担的相互担保出资义务履行，从而确保实收资本与公司章程所规定的资本相一致的民事责任。如我国《公司法》第九十四条规定："股份有限公司成立后，发起人未按照公司章程的规定缴足出资的，应当补缴；其他发起人承担连带责任。"

股份有限公司成立后，发现作为设立公司出资的非货币财产的实际价额显著低于公司章程所定价额的，应当由交付该出资的发起人补足其差额；其他发起人承担连带责任。从《公司法》的规定可以看出，发起人主要承担三种责任：第一，对公司未能认足的股份承担认购担保责任；第二，对未缴纳的股款承担缴纳担保责任；第三，对实物出资承担价格填补责任。

二是履行为设立公司签订合同的义务。这在我国《公司法》司法解释（三）有明确规定。司法解释第二条："发起人为设立公司以自己名义对外签订合同，合同相对人请求该发起人承担合同责任的，人民法院应予支持。公司成立后对前款规定的合同予以确认，或者已经实际享有合同权利或者履行合同义务，合同相对人请求公司承担合同责任的，人民法院应予支持。"

司法解释第三条："发起人以设立中公司名义对外签订合同，公司成立后合同相对人请求公司承担合同责任的，人民法院应予支持。公司成立后有证据证明发起人利用设立中公司的名义为自己的利益与相对人签订合同，公司以此为由主张不承担合同责任的，人民法院应予支持，但相对人为善意的除外。"

三是损害赔偿责任。为防止发起人借设立公司之名侵害公司及第三人的利益，各国及地区的立法多要求发起人须就自己的设立行为对公司负责；或者公司不能成立，对第三人的利益造成损失的应当承担损害赔偿责任，我国《公司法》第九十五条规定：股份有限公司的发起人应当承担下列责任：（1）公司不能成立时，对设立行为所产生的债务和费用负连带责任；（2）公司不能成立时，对认股人已缴纳的股款，负返还股款并加算银行同期存款利息的连带责任；（3）在公司设立过程中，由于发起人的过失致使公司利益受到损害的，应当对公司承担赔偿责任。

我国《公司法》司法解释（三）进一步明确了发起人在公司设立不成功时的法律责任。第四条："公司因故未成立，债权人请求全体或者部分发起人对设立公司行为所产生的费用和债务承担连带清偿责任的，人民法院应予支持。部分发起人依照前款规定承担责任后，请求其他发起人分担的，人民法院应当判令其他发起人按照约定的责任承担比例分担责任；没有约定责任承担比例的，按照约定的出资比例分担责任；没有约定出资比例的，按照均等份额分担责任。因部分发起人的过错导致公司未成立，其他发起人主张其承担设立行为所产生的费用和债务的，人民法院应当根据过错情况，确定过错一方的责任范围。"

第五条：“发起人因履行公司设立职责造成他人损害，公司成立后受害人请求公司承担侵权赔偿责任的，人民法院应予支持；公司未成立，受害人请求全体发起人承担连带赔偿责任的，人民法院应予支持。公司或者无过错的发起人承担赔偿责任后，可以向有过错的发起人追偿。”

第五节　公司登记制度

一、公司登记概述

公司登记是指公司在设立、变更、终止时，依法由股东向公司登记机关申请，经登记机关审查核准后，将登记事项登记于登记簿的法律程序。我国《公司登记管理条例》明确规定工商行政管理机关是公司登记机关，国家工商行政管理总局主管全国的公司登记工作。

国家工商行政管理总局负责下列公司的登记：

（一）国务院国有资产监督管理机构履行出资人职责的公司以及该公司投资设立并持有50%以上股份的公司；

（二）外商投资的公司；

（三）依照法律、行政法规或者国务院决定的规定，应当由国家工商行政管理总局登记的公司；

（四）国家工商行政管理总局规定应当由其登记的其他公司。

省、自治区、直辖市工商行政管理局负责本辖区内下列公司的登记：

（一）省、自治区、直辖市人民政府国有资产监督管理机构履行出资人职责的公司以及该公司投资设立并持有50%以上股份的公司；

（二）省、自治区、直辖市工商行政管理局规定由其登记的自然人投资设立的公司；

（三）依照法律、行政法规或者国务院决定的规定，应当由省、自治区、直辖市工商行政管理局登记的公司；

（四）国家工商行政管理总局授权登记的其他公司。

设区的市（地区）工商行政管理局、县工商行政管理局，以及直辖市的工商行政管理分局、设区的市工商行政管理局的区分局，负责本辖区内下列公司的登记：

（一）国家工商行政管理总局和省、自治区、直辖市工商行政管理局登记以外的其他公司；

（二）国家工商行政管理总局和省、自治区、直辖市工商行政管理局授权登记的公司。

前款规定的具体登记管辖由省、自治区、直辖市工商行政管理局规定。但是，其中的股份有限公司由设区的市（地区）工商行政管理局负责登记。

二、公司登记内容

公司的登记事项包括：

（一）公司名称；（二）住所；（三）法定代表人姓名；（四）注册资本；（五）实收资本；（六）公司类型；（七）经营范围；（八）营业期限；（九）有限责任公司股东或者股份有限公司发起人的姓名或者名称，以及认缴和实缴的出资额、出资时间、出资方式。公司的登记事项应当符合法律、行政法规的规定。不符合法律、行政法规规定的，公司登记机关不予登记。

公司名称应当符合国家有关规定。公司只能使用一个名称。经公司登记机关核准登记的公司名称受法律保护。公司的住所是公司主要办事机构所在地。经公司登记机关登记的公司的住所只能有一个。公司的住所应当在其公司登记机关辖区内。公司注册资本和实收资本应当以人民币表示，法律、行政法规另有规定的除外。

股东出资方式应当符合《公司法》第二十七条的规定。股东以货币、实物、知识产权、土地使用权以外的其他财产出资的，其登记办法由国家工商行政管理总局会同国务院有关部门规定。股东不得以劳务、信用、自然人姓名、商誉、特许经营权或者设定担保的财产等作价出资。

公司的经营范围由公司章程规定，并依法登记。公司的经营范围用语应当参照国民经济行业分类标准。公司类型包括有限责任公司和股份有限公司。一人有限责任公司应当在公司登记中注明自然人独资或者法人独资，并在公司营业执照中载明。

三、公司设立登记流程（以有限责任公司为例）

（一）申请设立登记

股东的全部出资后，由全体股东指定的代表或共同委托的代理人，如设立国有独资公司，应当由国有资产监督管理机构代表国家作为申请人，向公司登记机关申请设立登记，提交公司登记申请书、公司章程、验资证明等文件。设立有限责任公司的同时设立分公司的，应当就拟设分公司向公司登记机关申请登记。

（二）公司名称预先核准（查名）

需要工商部门提供如下资料（供参考，具体看工商部门的要求）：

1. 全体投资人的身份证复印件（投资人是公司的需要营业执照复印件）；

2. 注册资金的额度及全体投资人的投资额度；

3. 公司名称（最好提供3个以上）、公司经营范围；

4. 公司名称预先核准申请书。

查名资料备齐后由相关部门受理，查名所需手续由相关部门完成，查名通过后会预先通知您并核发查名核准单一份、一套章（公司公章、财务章、法人章、股东章）及银行询证函一份。

（三）验资

凭核发的查名核准单、银行询证函、一套章去就近银行办理注册资金进账手续，办理完后从银行领取投资人缴款单和对账单，银行询证函则由银行直接快递会计事务所，随后由会计事务所办理验资报告。

验资通过后核发验资报告2份。验资必须由本人完成，委托其他机构办理将会承担相关责任。

（四）签字并办理营业执照

带身份证前往工商部门进行签字，工商部门核实后通过。签字需要本人到场，经工商部门人员确认为本人无误后签字生效，签字通过后即可以开始办理营业执照。所需基本资料（供参考，具体看工商部门的要求）：

1. 公司董事长或执行董事签署的《公司设立登记申请书》；

2. 公司申请登记的委托书；

3. 股东会决议；

4. 董事会决议；

5. 监事会决议；

6. 章程；

7. 股东或者发起人的法人资格证明或自然人身份证明；

8. 董事、监事、经理、董事长或者董事的任职证明；

9. 董事、监事、经理的身份证复印件；

10. 验资报告；

11. 住所使用证明（租房协议、产权证）；

12. 查名核准单；

13. 公司的经营范围中，属于法律法规规定必须报经审批的项目，需提交部门的批准文件。

资料齐全后所有手续由相关部门完成，报工商局审批后核发营业执照正副本和电子营业执照。公司营业执照签发日期为公司成立日期。

（五）到质监局办理组织机构代码证

本步骤手续和所需资料由相关部门提供并完成，前往质监局办理组织机构代码证，核发代码证正副本和代码卡。

（六）办理税务登记证

首先提供相应资料：

1. 企业法人营业执照原件、复印件各一份；

2. 组织机构统一代码证原件、复印件各一份；

3. 验资报告原件、复印件各一份；

4. 企业章程或协议书或可行性研究报告或合同书原件、复印件各一份；

5. 法定代表人、财务负责人和办税人员的居民身份证原件、复印件各一份；

6. 经营地的房产权或使用权或租赁证明（加贴印花税）原件、复印件各一份。

其次填写表格报送税务部门核审并审批后打印税务登记证并领取税务登记证。

交纳办理费用后领取所有相关证件，然后前往就近银行办理基本账户和纳税账户。

第四章

有限责任公司法人治理结构

YOUXIAN ZEREN GONG SI
FAREN ZHILI JIEGOU

有限责任公司法人治理结构是有限责任公司内部依法设立的对公司业务进行决策、执行和监督的组织机构和管理模式的总称。由于有限责任公司具有封闭性及人合兼资合性的特点，有限责任公司的法人治理机构的设置和管理模式也具有相当的灵活性。根据我国《公司法》的规定，有限责任公司的治理机构包括：股东会、董事会或执行董事、监事会或监事。它们分别作为有限责任公司的权力机构、业务执行机构和监督机构。

第一节　有限责任公司的股东会

一、有限责任公司的股东会

（一）股东会的地位和性质

《公司法》第三十七条规定：“有限责任公司股东会由全体股东组成，股东会是公司的权力机构，依照本法行使职权。”由此可见，有限责任公司股东会是由全体股东所组成的，是有限责任公司的必设机关，是公司的权力机构，有限责任公司的重大决策均应由股东会以会议形式作出，从而成为有限责任公司最高意思决定机关。股东会对外不代表公司，对内不执行业务，但公司的其他机构必须执行股东会的决议，对股东会负责。

股东会可以从实质意义和形式意义两个方面进行理解。从实质意义上讲，股东会是按照《公司法》或公司章程规定而设立的由全体股东组成的公司最高权力机关。从形式意义上讲，股东会是指依照公司立法或者公司章程的规定定期或者临时举行的由全体股东或者部分股东参加的会议，即一种合议性机构，是股东集体决策的会议形式，是股东们直接参与公司经营管理的重要形式。

在我国，除国有独资公司和一人有限责任公司外，有限责任公司的股东会是必设机关。国有独资公司和外商投资的有限责任公司不设立股东会，而是由董事会行使股东会的部分职权。

（二）股东会的职权

根据《公司法》第三十八条规定，有限责任公司的股东会行使下列职权：

（1）决定公司的经营方针和投资计划；

（2）选举和更换非由职工代表担任的董事、监事，决定有关董事、监事的报酬事项；

（3）审议批准董事会的报告；

（4）审议批准监事会或者监事的报告；

（5）审议批准公司的年度财务预算方案、决算方案；

（6）审议批准公司的利润分配方案和弥补亏损方案；

（7）对公司增加或者减少注册资本作出决议；

（8）对发行公司债券作出决议；

（9）对公司合并、分立、解散、清算或者变更公司形式作出决议；

（10）修改公司章程；

（11）公司章程规定的其他职权。

需要说明的是，2005 年《公司法》第三十八条将原《公司法》第（十）项规定“对股东向股东以外的人转让出资作出决议”删除了。这是因为《公司法》将股权转让独立为一章之后，将股东向股东以外的人转让股权的限制条件由原《公司法》的“必须经全体股东过半数同意”改为“应当经其他股东过半数同意”，这样，向股东以外的人转让出资的决议事项就不再是股东会的职权之一，而成为了股东自己相互协商的一个事项。

（三）股东会会议

股东会会议与股东会是两个不同的概念。股东会是有限责任公司的组织机构，股东会会议是股东会的工作方式，是股东会为行使其职权，依照法律或公司章程召开的会议。

1. 股东会会议的种类

根据我国《公司法》的规定，股东会会议可以分为首次会议、定期会议和临时会议。

首次会议，是有限责任公司成立后的第一次会议，由出资最多的股东召集和主持。

定期会议，定期会议应当按照公司章程的规定按时召开。由于实践中该期限多为一年，因此又可称为年度会议。

临时会议，是指根据公司情况，依照法定程序不时召开的股东会会议。根据新《公司法》的规定，代表 1/10 以上表决权的股东，1/3 以上的董事、监事会或者不设监事会的监事提议召开临时会议的，应当召开临时会议。

定期会议和临时会议在权利的行使和决议的效力上没有区别，主要是在会议召开的时间和原因，召开的形式和决议事项的范围有所区别。

2. 股东会会议的召集和主持

根据《公司法》第四十一条的规定："有限责任公司设立董事会的，股东会会议由董事会召集，董事长主持；董事长不能履行职务或者不履行职务的，由副董事长主持；副董事长不能履行职务或者不履行职务的，由半数以上董事共同推举一名董事主持。"

有限责任公司是不设董事会的，股东会会议由执行董事召集和主持。

董事会或者执行董事不能履行或者不履行召集和主持股东会会议职务的，由监事会或者不设监事会的公司的监事召集和主持；监事会或者监事不召集和主持的，代表1/10 以上表决权的股东可以自行召集和主持股东会会议。

2005 年《公司法》改变了原《公司法》中对董事长没有指定、不指定或者不能指定情形下股东会如何召集的缺漏，赋予了副董事长、半数以上董事共同推举的董事、监事会或者不设立监事会的公司的监事以及代表 1/10 以上表决权的股东以股东会会议的主持或召集权利。从而可以有效避免以前出现的那种董事长不主持股东会会议，并且不指定其他人员主持情况下的尴尬境地。

召开股东会会议，应于会议召开前 15 天通知全体股东，通知中应说明股东会会议召开的时间、地点及待经审议的事项等内容，以便公司股东有所准备，充分行使自己的决议权。股东应亲自出席股东会会议，如因故确实无法出席会议，可书面委托他人代为出席股东会会议，委托书中应载明其委托授权的范围。

关于会议通知的形式，我国《公司法》没有明确规定。《公司法》对会议通知应有形式上的要求，一般应采用信函的方式。

3. 股东会会议决议

《公司法》第四十四条规定："股东会的议事方式和表决程序，除本法有规定的外，由公司章程规定。"股东会会议由股东按照出资比例行使表决权（新《公司法》第四十三条）。股东会会议所议事项，均以决议的方式作出。

根据股东会决议通过所需表决权大小的不同，股东会决议可分为特别决议和普通决议。

特别决议是对公司重大事项所作的决议，需经代表特别多数表决权的股东通过。《公司法》第四十四条第二款规定，下列决议事项须经代表 2/3 以上表决权的股东通过：(1) 修改公司章程；(2) 增加或减少公司注册资本；(3) 公司的合并、分立、变更公司形式；(4) 公司的解散。其他事项是否以特别决议通过，由公司章程规定。

普通决议是对需经特别决议的事项以外的其他事项作出的决议，一般只需经代表1/2以上表决权的股东通过。股东会应当将所议事项的决定做成会议记录，出席会议的股东应当在会议记录上签名（《公司法》第四十四条）。会议记录应当妥善保存。

二、有限责任公司的股东

（一）股东的概念

有限责任公司的股东指持有有限责任公司股权的人。股东是有限责任公司的存在基础，股东不仅向公司出资以形成公司财产，使得公司具有对外从事经营活动的物质基础，而且股东是股东会的构成人员，形成了有限责任公司的最高权力机关，从而使有限责任公司得以形成自己的独立意志。

虽然股东与有限责任公司之间存在如此密切的关系，但在《公司法》上，股东与有限责任公司本身毕竟是彼此相互独立的两个民事主体，股东对公司依法享有权利并承担相应的义务，反之，公司对股东也依法享有权利并承担相应的义务。

（二）有限责任公司股东的种类

1. 原始股东和继受股东

有限责任公司成立后，发起人成为有限责任公司的原始股东。我国《公司法》在有限责任公司设立阶段即称发起人为股东。所谓继受股东，指在有限责任公司存续期间，因受让、受赠或继承等原因而依法继受取得股权的人。

无论是原始股东，还是继受股东，均对公司享有相同的权利和承担相同的义务，两者均受公司章程的约束。

2. 法人股东、自然人股东和非法人组织股东

在我国，自然人、法人、不具备法人资格的独资企业和合伙企业，以及农村集体经济组织、村民委员会、具有投资能力的城市居民委员会，均可以成为有限责任公司的股东。但依照法律法规的规定不得经商办企业的除外。法人股东和非法人组织股东需选派代表行使其在有限责任公司中的股东权。

尽管法人股东、自然人股东和非法人组织股东在法律人格上有所不同，但其作为有限责任公司的股东时，在有限责任公司中的地位是平等的，即均按照其所持有的股权比例行使权利和承担义务。

（三）股东的权利和义务

1. 股东的权利

股东的权利，即股东基于股东资格而享有的权利。根据赋予股东权利的规范的不

同，股东享有的权利有如下两类：

一是有关法律规定的权利。依照我国《公司法》的有关规定，有限责任公司股东的法定权利主要包括：(1) 参加股东会并按照出资比例行使表决权；(2) 选举和被选举为董事、监事的权利；(3) 查阅股东会会议记录和公司财务会计报告，监督公司经营的权利；(4) 按照出资比例分取红利的权利；(5) 依法转让出资的权利；(6) 在同等条件下优先购买其他股东转让的出资的权利；(7) 优先认购公司新增资本的权利；(8) 公司解散时依法分配公司剩余资产的权利等等。

除《公司法》规定的上述权利外，其他的法律、法规也规定了有限责任公司股东在某些方面享有权利，如《担保法》第七十五条规定，有限责任公司股东可依法将其拥有的公司股份进行质押的权利。

二是公司章程规定的权利。公司章程可以规定股东享有上述法定权利以外的其他权利，但是公司章程的规定不得与法律法规的规定相抵触。

2. 股东的义务

股东的义务，即股东基于股东资格而负有的义务。根据《公司法》的有关规定，有限责任公司股东应负有如下义务：(1) 足额缴纳出资的义务；(2) 在公司登记后，不得抽回出资的义务；(3) 遵守公司章程的义务；(4) 依法定程序行使有关权利的义务。当然，公司章程也可以规定股东应负有上述法定义务以外的其他义务，但该规定也不得与法律法规的规定相抵触。

(四) 股东名册

有限责任公司的股东名册是记载有限责任公司股东及其出资等有关事项的名册，其记载事项由法律加以规定。

根据《公司法》第三十三条的规定，有限责任公司的股东名册记载下列事项：(1) 股东的姓名或名称及住所；(2) 股东的出资额；(3) 出资证明书编号。

有限责任公司的股东名册是有限责任公司的法定必备账册，有限责任公司应当制备。该股东名册具有如下效力：(1) 确定股东的依据。如无相反证据，记载于公司名册之上的人均应为公司的股东。(2) 公司对股东发出通知的依据。公司向股东发出通知，仅以股东名册记载的股东及其住所为根据，如因此股东没有收到通知，公司并不承担未送达通知的责任。(3) 确认转让出资的效力。股东依法转让其出资后，由公司将受让人的姓名或名称、住所以及受让的出资额记载于股东名册。如股东转让出资后，没有将受让人的姓名或名称、住所记载于股东名册，则不得对抗公司。据此，公司可不承认其出席股东会的权利、表决权，以及出资受益权。

第二节　有限责任公司的董事会

一、董事会

（一）董事会的地位和性质

董事会指依法由股东会选举产生，代表公司并行使经营决策权的公司常设机关。

董事会全面负责公司业务的经营管理活动，其对内执行公司业务，对外代表公司，董事会是有限责任公司的必设机关。

（二）董事会的组成

有限责任公司的董事会由 3 至 13 名董事构成，在组成人数上之所以有这样的幅度，是考虑了公司规模大小有所不同。

董事会的组成有一种特定情况，就是由两个以上的国有企业或者其他两个以上的国有投资主体投资设立的有限责任公司，其董事会成员中应当有公司职工代表。董事会中的职工代表由公司职工通过职工代表大会、职工大会或者其他形式民主选举产生。

在董事会内部，设董事长 1 人，可以设副董事长，董事长、副董事长的产生办法由公司章程规定。在董事会会议上，董事长、副董事长的地位是平等的，具有相同的表决权。

（三）董事会的职权

根据《公司法》第四十七条规定，董事会对股东会负责，行使下列职权：

（1）召集股东会会议。并向股东会报告工作；

（2）执行股东会的决议；

（3）决定公司的经营计划和投资方案；

（4）制订公司的年度财务预算方案、决算方案；

（5）制订公司的利润分配方案和弥补亏损方案；

（6）制订公司增加或者减少注册资本以及发行公司债券的方案；

（7）制订公司合并、分立、解散或者变更公司形式的方案；

（8）决定公司内部管理机构的设置；

（9）决定聘任或者解聘公司经理及其报酬事项，并根据经理的提名决定聘任或者解聘公司副经理、财务负责人及其报酬事项；

（10）制定公司的基本管理制度；

（11）公司章程规定的其他职权。

（四）董事会会议

1. 董事会会议的种类

董事会作为机构是通过召开会议形成决议的方式行使职权，一般来讲，董事会会议可以分为两类，即普通会议和特别会议。根据新《公司法》第四十九条规定，这两类董事会会议的议事方式和表决程序，除本法有规定的以外，由公司章程规定。

2. 董事会会议的召集

《公司法》第四十八条规定："董事会会议由董事长召集和主持；董事长不能履行职务或者不履行职务的，由副董事长召集和主持；副董事长不能履行职务或者不履行职务的，由半数以上董事共同推举一名董事召集和主持。"

我国原《公司法》规定：召开董事会会议，每次会议应当于会议召开 10 日以前通知全体股东。但现行《公司法》取消了这一限制，这主要是考虑到与国际通例接轨。

3. 董事会会议的议事方式和表决程序

《公司法》第四十九条规定：董事会会议的议事方式和表决程序，除本法有规定的外，由公司章程规定。这就要求公司的股东在制定公司章程时，必须做出具体的规定，如公司的董事会决议分为普通决议和特别决议，对于普通决议应当以简单多数通过，对于特别决议应当以 2/3 以上的董事同意方可通过等。对于特别决议的事项也应在公司章程中规定。

董事会应当将所议事项的决定做成会议记录，出席会议的董事应当在会议记录上签名。出席会议的董事对所作决议应承担行政的、法律的责任，如果决议内容违反法律、法规或者超出公司章程规定的范围，给公司造成损害的，应当承担赔偿责任。但是对该决议表示异议的并记载于董事会会议记录的董事，则可以免除赔偿责任。

二、执行董事

《公司法》第五十一条规定："股东人数较少或者规模较小的有限责任公司，可以设一名执行董事，不设董事会。执行董事可以兼任公司经理。执行董事的职权由公司章程规定。”这些规定说明我国的执行董事有其特定含义，其是股东人数较少和规模较小的有限责任公司在不设立董事会的情况下的业务执行机构和日常经营决策机构。

三、董事

董事是有限责任公司董事会的组成人员。在有限责任公司中，董事的设置必不可少，即使股东人数较少和规模较小的有限责任公司不设立董事会的，可设置1名执行董事，由该执行董事作为公司的法定代表人。

董事与股东不同，任何人只要拥有公司股份即为股东，便有权参加股东会。董事是由股东会选举进入董事会，负责对公司的经营管理事务进行决策，集体或单独代表公司执行业务的人。对于董事是否必须是股东以及法人和自然人的身份问题，各国规定不尽相同。对于董事是否为股东，大致分为有资格股模式、无资格股模式和任意选择模式三种；对于是否允许法人担任董事，从世界各国立法例考察看，主要分为不允许存在法人董事和允许存在法人董事两种模式。我国《公司法》对此未作规定。

1. 董事的任职资格

董事的任职资格可分为积极资格和消极资格。

积极资格指担任董事应当具备的积极条件，如国籍、股东身份、住所等要求；消极资格指不得担任董事的限制性条件。

我国《公司法》未对董事的积极资格作出规定，因此担任有限责任公司的董事，没有股东身份、国籍、住所等条件的要求。

关于董事的消极资格，《公司法》第一百四十七条规定，凡有下列情形之一的，不得担任有限责任公司的董事：（1）无民事行为能力或者限制民事行为能力；（2）因贪污、贿赂、侵占财产、挪用财产或者破坏社会主义市场经济秩序，被判处刑罚，执行期满未逾五年，或者因犯罪被剥夺政治权利，执行期满未逾五年；（3）担任破产清算的公司、企业的董事或者厂长、经理，对该公司、企业的破产负有个人责任的，自该公司、企业破产清算完结之日起未逾三年；（4）担任因违法被吊销营业执照、责令关闭的公司、企业的法定代表人，并负有个人责任的，自该公司、企业被吊销营业执照之日起未逾三年；（5）个人所负数额较大的债务到期未清偿。

公司违反前款规定选举、委派董事、监事或者聘任高级管理人员的，该选举、委派或者聘任无效。董事、监事、高级管理人员在任职期间出现本条第一款所列情形的，公司应当解除其职务。

2. 董事的选任和退任

董事一般由股东会选任。为防止大股东垄断董事人选，可采取累积投票制的选举方法（所谓累积投票制，是指各股东所持有的表决票的每票有与应当选的董事人数相同的表决权，股东可将其全部表决票集中投向某一候选人，也可以分散投向多个候选人，最后所有候选人以得票最多者依次当选）。在两个以上的国有企业或其他两个以上的国有投资主体投资设立的有限责任公司中，董事会成员中应当有公司职工代表，即由公司职工代表出任的董事，他们由公司职工民主选举产生（《公司法》第四十五条）。

董事退任通常有以下原因：(1) 任期届满。董事任期由公司章程规定，但每届任期不得超过3年。但董事任期届满后，可连选连任（《公司法》第四十六条）。(2) 股东会决议解任。股东会在何种情况下可解除董事的职务，我国《公司法》未作规定，有关此方面的事项应当在公司章程中加以规定。实践中，解除董事职务的原因通常是该董事执行职务时存在不正当的行为或者违反法律法规或公司章程的规定。(3) 自行辞职。董事自行辞职可不经股东会批准。(4) 其他情形。如董事死亡或丧失行为能力、公司解散等。

3. 董事的权利、义务

董事作为公司的受任人，应当享有下列权利：(1) 报酬请求权。董事的报酬由股东会决议确定。(2) 通过董事会而享有的权利。有限责任公司董事会的职权由《公司法》和公司章程规定，董事通过董事会职权相应享有相关权利。(3) 出席董事会的权利。(4) 表决权。后两项权利是董事通过董事会职权行使其权利的保证。

关于董事的义务，根据《公司法》第一百四十九条的规定，董事不得有下列行为：(1) 挪用公司资金；(2) 将公司资金以其个人名义或者以其他个人名义开立账户存储；(3) 违反公司章程的规定，未经股东会、股东大会或者董事会同意，将公司资金借贷给他人或者以公司财产为他人提供担保；(4) 违反公司章程的规定或者未经股东会、股东大会同意，与本公司订立合同或者进行交易；(5) 未经股东会或者股东大会同意，利用职务便利为自己或者他人谋取属于公司的商业机会，自营或者为他人经营与所任职公司同类的业务；(6) 接受他人与公司交易的佣金归为己有；(7) 擅自披露公司秘密；(8) 违反对公司忠实义务的其他行为。董事、高级管理人员违反前款规定所得的收入应当归公司所有。

董事违反其所负义务，应当承担相应的法律责任。《公司法》第一百五十条规定，董事、监事、高级管理人员执行公司职务时违反法律、行政法规或者公司章程的规定，给公司造成损失的，应当承担赔偿责任。

第三节　监事会

一、监事会

监事会是指依法由股东和职工分别选举产生的监事组成的，对公司董事和高级管理人员的经营管理行为及公司财务进行专门监督的常设机构。

根据《公司法》第五十二条规定，有限责任公司设立监事会，其成员不得少于三人。股东人数较少或者规模较小的，可以设一至二名监事，不设立监事会。

（一）监事会的职权

《公司法》第五十四条规定，监事会、不设监事会的有限责任公司的监事行使下列职权：（1）检查公司财务；（2）对董事、高级管理人员执行公司职务的行为进行监督，对违反法律、行政法规、公司章程或者股东会决议的董事、高级管理人员提出罢免的建议；（3）当董事、高级管理人员的行为损害公司的利益时，要求董事、高级管理人员予以纠正；（4）提议召开临时股东会会议，在董事会不履行《公司法》规定的召集和主持股东会职责时召集和主持股东会会议；（5）向股东会会议提出提案；（6）根据《公司法》第一百五十二条规定，对董事、高级管理人员提起诉讼；（7）公司章程规定的其他职权。

此外，《公司法》第五十五条和第五十七条规定，监事可以列席董事会会议，并对董事会决议事项提出质询或者建议；监事会、不设监事会的有限责任公司的监事发现公司经营情况异常，可以进行调查，必要时，聘请注册会计师事务所等协助其工作，费用由公司承担。监事会、不设监事会的有限责任公司监事行使职权所必需的费用，也由公司承担。这些规定扩大了原《公司法》中监事会与监事的职权，完善了监事会与监事的监视职能，也有利于监事会与监事加强监视职能，对公司董事和高级管理人员可能的经营行为滥用产生一定的制约作用。

（二）监事会的组成

根据《公司法》第五十二条规定，有限责任公司设立监事会，其成员不得少于三人。股东人数较少或者规模较小的，可以设一至二名监事，不设立监事会。

监事会应当包括股东代表和适当比例的公司职工代表，其中，职工代表的比例不得低于1/3，具体比例由公司章程规定。监事会中的职工代表由公司职工通过职工代表大会、职工大会或者其他形式民主选举产生。

监事会设主席一人，由全体监事过半数选举产生。

（三）监事会会议

根据《公司法》第五十六条规定，监事会会议也可以分为两种，一种是普通会议，要求每年至少召开一次；另一种是特别会议，又称为临时会议，可以由监事根据公司的具体情况提议召开。

此外，监事会的议事方式和表决程序，除了《公司法》中已有规定的除外，其他的都由公司章程规定。

按照《公司法》第五十二条第三款的规定，监事会会议的召集、主持由监事会主席进行，如果监事会主席不能履行职务或者不履行职务的，由半数以上监事共同推举一名监事召集和主持监事会会议。监事会应当对所议事项的决定做成会议记录，由出席会议的监事在会议记录上签字。

二、监事

监事是为了防止董事、经理滥用职权，损害公司及股东的利益，而于公司内部设立的专门监督机关的组成人员。监事须是公司的股东代表或者公司的职工代表。其任职的消极资格与董事相同，且不得由公司的董事、经理、财务负责人和国家公务员兼任，以保证监事会工作的独立性，有效行使监督职权。股东代表出任的监事由股东会选任和解任，职工代表出任的监事由公司职工民主选举产生。

《公司法》第五十三条规定，监事的任期每届为三年。监事任期届满，连选可以连任。监事任期届满未及时改选，或者监事在任期内辞职导致监事会成员低于法定人数的，在改选出的监事就任前，原监事仍应当依照法律、行政法规和公司章程的规定，履行监事职务。

监事在其任期内不应被无故解除职务，如监事违反法律法规或公司章程，或者在执行职务时有其他不正当行为而确需解除的，也应当依法定程序解除。监事与董事相同，与公司之间也处于委任关系，也应当对公司负有忠实义务和注意义务，并对其违反法律、行政法规或者公司章程的规定而致公司的损害，承担赔偿责任，对执行职务时给他人造成的损害与公司连带承担赔偿责任。

第五节　高级管理人员

《公司法》第二百一十七条规定："高级管理人员，是指公司的经理、副经理、财务负责人，上市公司董事会秘书和公司章程规定的其他人员。"这是2005年《公司法》所增加的一款规定，其对高级管理人员的定义有别于管理学意义上的高级管理人员，而强调的仅仅是对于公司业务行为承担相应的义务与责任的公司管理人员，其范围更广，也注重了公司内部的自治可能，且对原《公司法》中涉及经理的相关规定大部分均改为高级管理人员，为有效制约公司内部可能出现的职权滥用行为和为股东提供更全面的保护奠定了基础。

依据《公司法》第二百一十七条规定，对有限责任公司的高级管理人员作如下分述：

一、经理

经理是由有限责任公司董事会聘任的，主持公司的日常管理工作的高级管理人员，其对董事会负责。经理从属于董事会，受聘于董事会，并向董事会负责，是董事会的执行机构——董事会的辅助性机构，专门负责公司日常经营管理，所以并不是公司独立的组织机构。

经理是公司日常经营管理的总负责人，但并非当然为公司的法定代表人，未经公司章程的规定或者法定代表人的对外授权，不得对外代表公司。

《公司法》第五十条规定，有限责任公司可以设经理，由董事会决定聘任或者解聘。经理对董事会负责，行使下列职权：（1）主持公司的生产经营管理工作，组织实施董事会决议；（2）组织实施公司年度经营计划和投资方案；（3）拟订公司内部管理机构设置方案；（4）拟订公司的基本管理制度；（5）制定公司的具体规章；（6）提请聘任或者解聘公司副经理、财务负责人；（7）决定聘任或者解聘除应由董事会决定聘任或者解聘以外的负责管理人员；（8）董事会授予的其他职权。

有限责任公司可以聘任多名经理，如果有多名经理，董事会应指定其中一名任总经理。不设董事会的公司，执行董事可以兼任公司经理。

经理在执行其职务过程中对公司负有义务、承担责任与董事相同，即应当对公司负忠实义务和注意义务。经理在执行职务时违反法律法规或公司章程的规定，给公司造成损害时，也应当对公司承担赔偿责任，在执行其职务时给他人造成损害的，也应当与公司连带负赔偿责任。

二、副经理

副经理是指某一项业务活动或某一部门的行政负责人，仅负责某项具体业务或某个部门的工作。我国新《公司法》对公司经理与副经理之间的关系，能否成立共同经理权以及共同经理权如何授予等均未予以规定。

三、财务负责人

财务负责人是指负责公司的财务管理、成本管理、预算管理、会计核算和财务监督、内部审计等方面工作的高级管理人员。传统的财务负责人主要是指会计人员，包括总会计师，而首席财务官或财务总监等英美公司法上的职务将逐渐成为主流。

四、公司章程规定的其他人员

公司章程规定的其他人员，可根据各公司本身经营状况和内部结构的不同由公司自行决定。

第五章

有限责任公司的特殊问题

YOUXIAN ZEREN GONGSI DE TESHU WENTI

第一节　一人有限责任公司

一、一人有限责任公司的由来

一人有限责任公司的出现，实际上是随着经济的不断发展，特别是市场经济的不断发展，个人投资者为追求一种有限责任的利益，将其企业采取有限责任公司或股份有限公司形态的结果。

一人公司出现的最早也是最典型的一个案例就是1897年英国的“萨洛蒙诉萨洛母有限公司”的判例，此例标志着一人公司在法律上的确立。萨洛蒙是一个多年从事皮靴业务的商人。在1892年，他把自己拥有的靴店卖给了由他本人组建的公司，转让的价格为39000英镑。此后，公司发行了每股1英镑的股份20007股，他的妻子和五个子女各拥有1股，萨洛蒙本人拥有20001股（这主要是为了达到当时法律规定的最低股东人数7人）。公司还以其所有资产作担保向萨洛蒙发行了10000英镑的债券，其余差额用现金支付。公司不久陷入困境，一年后公司进行清算。若公司清偿了萨洛蒙的有担保的债权，其他的无担保的债权人就将一无所获。无担保的债权人认为，萨洛蒙和其公司实际上是同一人，公司不能欠他的债，因为自己不能欠自己的债，公司的财产应该用来偿还其他债权人的债。初审法院和上诉法院都认为，萨洛蒙公司只不过是萨洛蒙的化身、代理人，公司的钱就是萨洛蒙的钱，萨洛蒙没有理由还钱给自己，从而判决萨洛蒙应清偿无担保债权人的债务。但是，上议院推翻了初审法院和上诉法院的判决。英国上议院认为，萨洛蒙公司是合法有效成立的，因为法律仅要求有七个成员并且每人至少持有一股作为公司成立的条件，而对于这些股东是否独立、是否参与管理则没有作出明文规定。因此，从法律角度讲，该公司一经正式注册，就成为一个区别于萨洛蒙的法律上的人，拥有自己独立的权利和义务，以其独立的财产承担责任。本案中，萨洛蒙既是公司的唯一股东，也是公司的享有担保债权的债权人，具有双重身份。因此，他有权获得优先清偿。最后，法院判决萨洛蒙获得公司清算后的全部财产。

“萨洛蒙诉萨洛母有限公司”一案一直被认为是承认实质意义上的一人有限责任公司的典型案例。最早以成文法的形式肯定一人有限责任公司法律地位的应是1925年的列士敦支堡制定的《自然人和公司法》。

二、一人有限责任公司存在的价值

一人有限责任公司的产生，与市场经济的发展有着紧密的联系。当经济发展到一定阶段，市场竞争形式的多样性，必然要求市场主体的多样性。从某种意义上讲，一人有限责任公司的产生是市场经济生产资源的充分配置的结果，其存在的价值主要体现以下几方面：

1. 一人有限责任公司可使唯一投资者最大限度利用有限责任原则规避经营风险，实现经济效率最大化。

2. 一人有限责任公司多为中小型公司，对于公司经营管理不仅较为简易，而且可以因此降低经营成本。

3. 有利于高科技、高风险的新兴行业的发展。进入高科技、高风险的新兴行业领域的企业能否在竞争中取胜，主要依赖于高新技术的先进程度和投资机会的准确把握，而非资本的多寡及规模的大小，或者依赖于高素质的人。一人有限责任公司具有资合性弱化但人合性凸显的特点，正是中、小规模投资可采取的较佳组织形式。

三、一人有限责任公司的概念和特征

一人有限责任公司是指只有一个自然人股东或者一个法人股东的有限责任公司。其特征主要表现为以下几点：

1. 股东的唯一性。不论是一名自然人发起设立的一人有限责任公司，还是有限公司的股份全部转归一人持有的一人公司，在其成立或存续期间，公司股东仅为一人。

2. 责任的有限性。一人有限责任公司的股东以其出资为限对公司债务承担有限责任，公司以其全部资产为限对公司债务独立承担责任。

3. 一人有限责任公司，特别是自然人一人有限责任公司的所有者和经营者大多是不分的。所以在一人公司中，一人股东通常都身兼数职。

一人有限责任公司与个人独资企业是完全不同的两个概念。二者的区别在于：

（1）法律性质不同。一人有限责任公司原则需要满足《公司法》为股权多元化的公司设置的公司资本制度、公司财务会计审计制度以及公司治理制度，而个人独资企业只适用个人独资企业法，受该法的调整和约束。

（2）承担责任的主体不同。一人有限责任公司是独立的企业法人，具有完全的民事权利能力、民事行为能力和民事责任能力，是有限责任公司中的特殊类型；而后者则不是独立的企业法人，不能以其财产独立承担民事责任，而是投资者以个人财产对企业债务承担无限责任。

（3）承担的税收义务有所不同。一人有限责任公司及其股东需分别就其公司所得和股东股利分别缴纳法人所得税和个人所得税；而个人独资企业自身不缴纳法人所得税，只待投资者取得投资回报时缴纳个人所得税。

四、一人有限责任公司的设立

《公司法》第五十八条第一款规定："一人有限责任公司的设立和组织机构，适用本节规定；本节没有规定的，适用本章第一节、第二节的规定。"所以一人有限责任公司的设立，除了适用特别的规定外，其他方面都应该与一般有限责任公司的设立条件和程序相同。

1．最低资本额要求

根据《公司法》第五十九条第一款规定，一人有限责任公司的注册资本最低限额为人民币10万元，且要求股东应当一次性足额缴纳公司章程规定的出资额。根据本条的规定，我国对一人有限责任公司适用严格的法定资本制度。规定一人有限责任公司股东出资的注册资本最低限额，并且在公司登记成立时必须一次性缴足。同时规定公司成立后股东不得抽回出资。即一人有限责任公司的注册资本最低限额为人民币10万元。股东应当一次性足额缴纳公司章程规定的出资额。如果虚假出资则要承担相应的法律责任，根据本法的规定，公司的发起人股东虚假出资的，未交付或者未按期交付作为出资的货币或者非货币财产的，由公司登记机关责令改正；对虚假出资的处以虚假出资金额5%以上15%以下的罚款。

2．股东的限制

《公司法》第五十九条第二款规定："一个自然人只能投资设立一个一人有限责任公司。该一人有限责任公司不能投资设立新的一人有限责任公司。"也就是说，法律上不允许一个自然人拥有多个一人有限责任公司，主要是考虑到一人有限责任公司的无限责任的特性，如果允许自然人同时拥有不同的一人有限责任公司，则其所拥有的无限责任势必形同虚设，债权人权益的保障也就无从谈起。

3．公司登记的特别要求

一人有限责任公司应当在公司登记中注明自然人独资或者法人独资。其应在公司营业执照中载明。法律要求一人有限责任公司在公司登记中注明“自然人独资”或“法人独资”的字样，其目的是在于使与之交易的第三人能够非常清楚地知道该公司的唯一股东是自然人还是法人。

作为一人有限责任公司，出于诚信和促进社会经济稳健发展的考虑，对于股东及出资情况也应当以一定的形式向社会公示，以便对方根据实际情况来决定自己的行为。这是“市场经济就是法制经济”原则在本法中的重要体现。同时，将一人有限责任公司的股东及其出资情况予以公示，也利于债权人及时保护自身的权益，因一人有限责任公司的股东不能证明公司财产独立于股东自己的财产的，应当对公司债务承担连带责任。

4．公司章程的制定

一人有限责任公司，其不设股东会，股东只有一个自然人或者一个投资主体，因此，其公司章程必须由股东制定。当然，虽然只有一个股东，但是公司章程的内容与其他有限责任公司应当基本一致，如经营范围、注册资本、组织机构、股东的权利和义务、利润分配、解散事由及清算办法等，而且股东还应当在公司章程上签名盖章。

五、一人有限责任公司的组织机构

1．一人有限责任公司不设股东会

实践中，股东多元化的公司由于股东之间的利益不同，极易导致股东间的权利之争，或者决而不断，或者相互推诿扯皮，从而妨碍公司的效率，而一人有限责任公司的投资主体唯一性，则有助于简化公司内部法律关系，不存在股东冲突问题。因此，一人有限责任公司的特征之一，便是公司没有股东会。

在一人有限责任公司中，股东仅有一人，事实上也无法组成股东会。再则，一人有限责任公司的产权单一，股东会已失去存在的基础，股东无需通过股东会就可以直接向外界表达。否则就会得出“单一股东出席即等于《公司法》所规定的股东全体出席的股东会，因此，无须适用会议召集的程序规定”及“单独股东由股东大会所赋予的权限”等牵强的结论。

2．对自然人为唯一股东的一人有限责任公司，可以不设董事会

对于自然人为唯一股东的一人有限责任公司，可以不设董事会，而仅设一名执行董事，由唯一股东来担任，作为公司的法定代表人；同时，对其权力加以限制，如规定其不具有对公司经营的全权决定权，不得兼任经理等等。

若要求公司设立董事会，无异于以法律强迫一人公司增设人头董事。如果这样的话，则其后果不仅使该组织成为有名无实的机关，而且必将滋生一人公司内部关系的困扰，例如，人头董事行使职权、要求薪资给付、要求竞选董事长等。

3. 自然人为唯一股东的一人有限责任公司应当设立监事会

自然人为唯一股东的一人有限责任公司应当设立监事会，以对公司的经营运作进行监督，监事可以在公司职工中民主选举产生，也可以在公司外部人员中聘任。如果一人有限责任公司未设立监事会，由于公司内部缺乏监督机制，若仅靠政府权责机关负完全监督责任，则可能引发的经济问题绝非政府所能完全控制。因现代公司理论要求公司承担一定的社会责任，而不是仅为谋利而已，公司的业务经营与社会经济发展息息相关。所以为了保护债权人的利益和社会公共利益，一人有限责任公司必须设立内部监事会。

六、一人有限责任公司的人格否认

法律上承认一人有限责任公司，容易出现对保护公司债权人利益不利的局面。

因为一人有限责任公司使原本有限责任公司所拥有的复数股东之间相互制约、相互监督职能丧失，复数股东之共同意思形成公司意思的机能也形同虚设。毕竟，一人有限责任公司最重要的特征便是股东的唯一性，既然唯一股东的意思便是公司的意思，则容易造成一人有限责任公司业务与唯一股东的业务多方面的混同，诸如经营业务的完全一致、公司资本与唯一股东生活费用的混杂使用、公司营业场所与唯一股东居所的合一等。由此使公司相对人难以分清与之交易的对象是公司还是股东个人，也无法保证公司之财产的完整性，最终导致公司债权人承担较大的经营风险。

同时，由于一人有限责任公司生产经营的混同性，导致企业所得税与个人所得税的混乱，势必影响国家税收收入，而且公司员工的利益也无法切实得到保障。因此，在一人有限责任公司中，为了防止一人有限责任公司之独立人格及一人有限责任公司之单独股东的有限责任原则被滥用的现象，公司法人人格否认的适用至关重要。

《公司法》第六十四条规定："一人有限责任公司的股东不能证明公司财产独立于股东自己的财产的，应当对公司债务承担连带责任。"这是通过举证责任倒置的规定对一人有限责任公司滥用有限责任进行矫正，防止混淆公司财产与股东财产，将公司财产充作私用，以及有可能以公司名义为自己目的借贷和担保；有可能欺诈债权人等等。

第二节　国有独资公司

一、国有独资公司的概念与特征

国有独资公司是我国《公司法》中规定的一种特殊形态的有限责任公司，是指国家单独出资、由国务院或者地方人民政府授权本级人民政府国有资产监督管理机构履行出资人职责的有限责任公司。

国有独资公司是我国《公司法》借鉴现代世界通行的公司制度，针对中国的特殊国情，为促进中国国有企业制度改革而专门创立的一种特殊公司形态。

与其他的有限责任公司相比，国有独资公司具有以下法律特征：

1．股东的单一性

国有公司成立后其股东仅一人，因此国有独资公司属于一人公司的范畴，其在组织机构的设置和管理权的分配方面均与一般的有限责任公司不同。

2．投资主体的独特性

国有独资公司的投资主体是国家授权投资的机构或国家授权的部门。这包括两方面的含义：一是国有独资公司的投资主体必须是国家的机构或部门，二是该国家机构或国家部门须经国家的授权。

因此非国家的机构或部门不能设立国有独资公司，即使是国家的机构或部门，如未取得国家的授权，也不能设立国有独资公司。

3．适用范围的特定性

对于国有独资公司的适用领域，《公司法》并没有规定。一般来说，在下列领域采取国有独资公司的形式：

第一，关系国家安全的行业，如重要军事工业和涉及国防安全关键领域以及国家储备系统等。

第二，具有较强社会效益，非国有资本目前尚无力或不愿进入的大型基础设施建设项目（大江、大河的治理，重点防护林的建设，重点公益工程的建设，城市基础设施的建设等）。

第三，特大型不可再生资源，如油田、煤矿等开发项目。

第四，对国家长期发展具有战略意义的高新技术开发项目，如超大规模集成电路的研制等。

4. 资产的国有性

所谓资产的国有性，是指国有独资公司是由国家投资设立，资产归国家所有，属于国有企业的一种特殊形式。

二、国有独资公司与一般的国有企业的区别

国有独资公司与一般的国有企业的区别，具体可以概括为：

第一，设立根据不同。国有独资公司依照《公司法》设立，受《公司法》调整；而一般意义上的国有企业则是依照全民所有制工业企业法设立的，并受其调整。

第二，财产权不同。国有独资公司作为有限责任公司的一种特殊形式，实行股权与法人财产权的分离，国有资产监督管理机构作为股东，依法享有股权，国有独资公司拥有法人财产权；而一般意义上的国有企业与国家实行的是所有权与经营权的分离，国家作为企业的所有人，依法享有所有权，企业则拥有经营权。

第三，管理体制不同。国有独资公司设立董事会，董事长是公司的法定代表人，由董事会聘任或解聘经理；而一般意义上的国有企业则实行厂长（经理）负责制，厂长或经理是企业的法定代表人。

因此，国有独资公司与一般国有企业并不是简单的名义转换，而是机制的转换，这就意味着原国有企业要转变为国有独资公司也要进行公司化改组。

三、国有独资公司的设立

国有独资公司是我国法律所确认的一种特殊形态的有限责任公司形式，但是国有独资公司由国有资产监督管理机构单独投资设立，其设立条件和程序除本法有特别规定外，与一般的有限责任公司大体相同，所不同的主要是股东的人数以及公司章程的制定。国有独资公司的公司章程由国有资产监督管理机构依法制定，或者由公司董事会制定报国有资产监督管理机构批准。

实践中，在本法施行前已设立的单一投资主体的国有企业，符合规定的有限责任公司设立条件的，可以依法改建为国有独资公司，并按国务院规定的有关实施步骤和

具体办法进行。

四、国有独资公司的组织机构

国有独资公司，作为一种独立的企业法人经营组织，应包括执掌决策、执行和监督功能在内的健全的领导体制和机构。

1．国有独资公司的决策机构

国有独资公司不设股东会，由国有资产监督管理机构代表国家履行出资人职责，行使股东会的职权。国有独资公司不设股东会主要是因为其只有一个投资主体，不必要也无法设立股东会，股东会的职权只能交由单个的投资者享有和行使。国有独资公司不设股东会并不意味着股东会的职责和功能不复存在；而是通过其他形式予以体现，即由国有资产监督管理机构代表国家履行出资人职责，行使股东会的职权。

根据《公司法》关于股东会职权的规定，国有资产监督管理机构应行使下列职权：

（1）制定、修改公司章程或批准由董事会制定、修改的公司章程；

（2）决定公司的经营方针和投资计划；

（3）选配国家股权代表参加国有独资公司的董事会，更换或罢免其委派的董事，并从董事会成员中制定董事长和副董事长，授权董事会行使股东会的部分职权；

（4）决定公司增加或者减少注册资本和发行公司债券；

（5）决定公司合并、分立、解散；

（6）审议批准董事会、监事会或监事的工作报告；

（7）审议批准公司的年度财务预决算方案：利润分配方案和补亏损方案；

（8）公司依法转让产权时，办理产权登记和产权交易事项的法律手续；

（9）检查公司财务，对董事、经理的行为进行监督，向公司派出监事会。

其中，重要的国有独资公司合并、分立、申请破产、解散的，应当由国有资产监督管理机构审核后，报本级人民政府批准。

2．国有独资公司的执行机构

国有独资公司设董事会，执行公司业务。董事会是国有独资公司的常设经营管理机构，而且是必设机关。

《公司法》第六十八条规定，国有独资公司设董事会，依照本法第四十七条、第六十七条的规定行使职权。这就改变了过去《全民所有制工业企业法》所规定的领导体制。《全民所有制工业企业法》规定的是厂长负责制，即企业的厂长为公司的最高业务的指挥者。而按照《公司法》的规定，国有独资公司要设立董事会，即董事会为公司的最高业务的指挥者，实行集体负责制。

按照国家有关规定，经济体制改革的方向为建立现代企业制度，而现代企业制度的内容之一，就是建立科学的企业领导体制和组织管理制度，形成激励和约束相结合的经营机制。同时，作出这样的立法安排，主要考虑到市场经济是一个平等竞争的经济，在这种情况下，要求公司的决策做到科学化、民主化，防止由于一个人说了算，出现决策的失误，影响公司的利益。

国有独资公司董事会依照《公司法》第四十七条、第六十七条的规定行使以下职权：

（1）选聘或者解聘公司总经理（中央管理主要领导人员的企业，按照有关规定执行），并根据总经理的提名，聘任或者解聘公司副总经理、财务负责人，负责对总经理的考核，决定其报酬事项，并根据总经理建议决定副总经理、财务负责人的报酬；

（2）决定公司的经营计划、投资方案（含投资设立企业、收购股权和实物资产投资方案）以及公司对外担保；

（3）制订公司的年度财务预算方案、决算方案；

（4）制订公司的利润分配方案和弥补亏损方案；

（5）制订公司增加或者减少注册资本的方案以及发行公司债券的方案；

（6）拟订公司合并、分立、变更公司形式、解散的方案；

（7）决定公司内部管理机构的设置，决定公司分支机构的设立或者撤销；

（8）制定公司的基本管理制度。

国有独资公司董事会在行使以上职权时，还须履行以下义务：

（1）执行国有资产监督管理机构的决定，对国有资产监督管理机构负责，最大限度地追求所有者的投资回报，完成国家交给的任务；

（2）向国有资产监督管理机构提交年度经营业绩考核指标和资产经营责任制目标完成情况的报告；

（3）向国有资产监督管理机构提供董事会的重大投融资决策信息；

（4）向国有资产监督管理机构提供真实、准确、全面的财务信息和运营信息；

（5）向国有资产监督管理机构提供董事和经理人员的实际薪酬以及经理人员的提名、聘任或解聘的程序和方法等信息；

（6）维护公司职工、债权人和用户的合法权益；

（7）确保国家有关法律法规和国有资产监督管理机构规章在公司的贯彻执行。

国有独资公司董事会由 3 至 13 名董事组成。董事会的成员主要来源于以下两方面：一是由国有资产监督管理机构委派；二是由公司职工代表大会选举产生。在董事会成员中规定一定比例的职工代表主要是考虑到国有独资公司要依照宪法和法律的规定通过职工代表大会和其他形式实行民主管理，既加强职工的国家主人公使命感，也有利于加强对国有资产保值增值和防止国有资产的流失。董事会每届任期三年。

董事会设董事长一人，可以视需要设副董事长。董事长、副董事长由国有资产监督管理机构从董事会成员中指定。

国有独资公司设经理，由董事会聘任或者解聘，即经理对董事会负责。

按照《公司法》的有关规定，经理具有以下职权：主持公司的日常经营管理活动，组织实施董事会的决议；组织实施公司的年度经营计划；拟订公司的内部管理机构方案；提请聘任或者解聘副经理、财务负责人；拟订公司的基本管理制度；制定公司的具体规章；决定聘任或者解聘除应由董事会决定聘任或者解聘以外的负责管理人员；公司章程、董事会授予的其他职权。

我国《公司法》对国有独资公司的负责人实行专任制度，明确规定国有独资公司的董事长、副董事长、董事、高级管理人员，未经国有资产监督管理机构同意，不得兼任其他有限责任公司、股份有限公司或者其他经济组织的负责人。

我国《公司法》对国有独资公司董事会成员及高级管理人员，实行了比竞业禁止还要严格的专任原则，适用的范围更广泛。

3. 国有独资公司的监督机构

《公司法》第七十一条规定："国有独资公司监事会成员不得少于五人，其中职工代表的比例不得低于1/3，具体比例由公司章程规定。"而原《公司法》没有规定国有独资公司设立专门的监督机构。

国有独资公司监事应具备以下条件：（1）熟悉并能够贯彻执行国家有关法律、行政法规和规章制度；（2）具有财务、会计、审计或者宏观经济等方面的专业知识，比较熟悉企业经营管理工作；（3）坚持原则，廉洁自持，忠于职守；（4）具有较强的综合分析、判断和文字撰写能力，并具备独立工作能力。

国有独资公司的监事分为专职监事和兼职监事。

从有关部门和单位选任的监事，为专职监事；从监事会中国务院有关部门、单位派出代表和企业职工代表担任的监事，为兼职监事。专职监事由监事会管理机构任命。

监事会成员中的企业职工代表由企业职工代表大会民主选举产生，报监事会管理机构批准。企业负责人不得担任监事会中的企业职工代表。

国有独资公司监事会成员的来源主要有两方面：一是由国有资产监督管理机构委派；二是监事会成员中的职工代表由公司职工代表大会选举产生。其中，监事会主席由国有资产监督管理机构从监事会成员中指定。

监事会的职权分为两方面：

一是《公司法》所规定的职权，即检查公司财务；对董事、高级管理人员执行公司职务的行为进行监督；对违反法律、行政法规、公司章程或者股东会决议的董事、高级管理人员提出罢免的建议；当董事、高级管理人员的行为损害公司的利益时，要求董事、高级管理人员予以纠正。

二是国务院规定的其他职权，如检查企业贯彻执行有关法律、行政法规和规章制度的情况；检查企业的经营效益、利润分配、国有资产保值增值、资产运营等情况；检查企业负责人的经营行为，并对其经营管理业绩进行评价，提出奖惩、任免建议。

监事会一般每年对企业定期检查一至两次，并可以根据实际需要不定期地对企业进行专项检查。

监事会开展监督检查，可以采取下列方式：

(1) 听取企业负责人有关财务、资产状况和经营管理情况的汇报，在企业召开与监督检查事项有关的会议；

(2) 查阅企业的财务会计报告、会计凭证、会计账簿等财务会计资料以及与经营管理活动有关的其他资料；

(3) 核查企业的财务、资产状况，向职工了解情况、听取意见，必要时要求企业负责人作出说明；

(4) 向财政、工商、税务、审计、海关等有关部门和银行调查了解企业的财务状况和经营管理情况。

第三节　有限责任公司的股权转让

一、有限责任公司股权转让的法理基础

有限责任公司股权转让制度的法理基础植根于有限责任公司不同于其他公司组织

形态的特殊属性。

在大陆法系国家公司法体系内，有限公司是在19世纪末首先由德国为了满足中小企业经营之需要，通过简化股份有限公司，并糅入人合因素而创造出来的。在后来的制度演变过程中，有限公司兼具资合与人合两种属性的质素结构并未改变。正是有限公司股东之间这种既“资合”又“人合”的关系，使得其股权转让制度呈现出既不同于作为纯粹资合性公司的股份有限公司，又不同于作为纯粹人合性公司的无限公司的复杂特征。

在人合公司中，法律注重投资者的个人信用以及他们之间的友情结合的特征，投资者的出资被掩蔽在公司商号的光环之下，因此法律一直允许投资者退股，也允许公司基于法定理由对特定投资者除名。相反，在资合公司中，公司的存续并不依赖于投资者的个人资产与信誉以及他们之间的良好关系，公司资本被看成是公司唯一的信用根基。因此，法律虽不允许股东退股，但允许股权自由转让。

而在有限公司中，由于股东之间同时具有人合与资合的关系，股东回收投资或者退出公司的行为就要受到两种法律关系的约束：一方面，人合性和封闭性使其股东不能像股份有限公司的股东那样可以自由转让股份；另一方面，资合性使其受到传统《公司法》理论上资本维持原则的约束，股东不像纯粹人合性公司那样允许退股。因此“有限责任公司兼具资合性与人合性，其人合性的特点决定了对股东转让出资应进行限制，这是保障公司股东的稳定性和公司健康运行所不可缺少的”。这样，一旦有限公司的股东谋求回收投资时，法律就艰难地在这种人合与资合的夹缝中为其寻找退出公司的途径。有限公司股权转让制度的实质就是在保证股东回收投资与维持公司的人合兼资合属性之间作出平衡。

二、有限责任公司股权的内部转让和外部转让

根据《公司法》的规定，股权转让可以分为两种方式：一种是公司内部的股权转让，即股东将股权转让给现有股东；另一种是公司外部的股权转让，即股东将股权转让给现有股东以外的其他投资者。这两种股权转让的具体程序和顺序也有不同。

（一）有限责任公司股权的内部转让

《公司法》第七十二条规定：“有限责任公司的股东之间可以相互转让其全部或者部分股权。”这表明我国《公司法》在股东内部股权转让问题上采用自由转让原则。

有限责任公司的股东向该公司的其他股东转让其全部股权，其后果是股东人数减少，并且股东间的出资比例发生变化。因此，公司的股东之间无论是转让全部股权，

还是转让部分股权，都不会有新股东的产生，其他股东已有的伙伴关系不会受到影响，也就没有必要对这种转让进行限制。《公司法》第七十二条规定有限责任公司的股东之间可以相互转让其全部股权或者部分股权并没有对股权的转让作出任何限制性的规定。

（二）有限责任公司股权的外部转让

《公司法》第七十二条第二款规定："股东向股东以外的人转让股权，应当经其他股东过半数同意。股东应就其股权转让事项书面通知其他股东征求同意，其他股东自接到书面通知之日起满30日未答复的，视为同意转让。其他股东半数以上不同意转让的，不同意的股东应当购买该转让的股权；不购买的，视为同意转让。"这是《公司法》针对有限责任公司股东向股东以外的第三人转让股权规定的限制条件。即外部转让的限制制度。

股东向股东以外的人转让股权，会发生新股东进入公司的情况，而新股东与其他股东之间并不一定存在相互信任的关系。为了维持有限责任公司的人合因素，《公司法》规定除转让股东以外的其他股东中，有超过一半的股东同意，股东才能向股东以外的人转让股权。

其他股东对于股权转让的意见，意图转让股权的股东应当用书面征求意见的方式来获得。即意图转让股权的股东应当向其他股东发出书面通知，告诉其他股东有关其股权转让的有关事项，如转让多少股权、价格是多少、受让方是谁等并询问其他股东是否同意这一股权转让。其他股东应当自接到书面通知之日起30日内向发出通知的股东表示是否同意该股权转让。如果某一股东自接到书面通知之日起30日内没有答复，那么，在法律上，就认为该股东同意该股权转让，应当计入同意转让的股东数之内。

对于股东的股权转让，如果其他股东有一半或者一半以上表示不同意，那么，这些表示不同意的股东应当购买其不同意转让的股权，以使意图转让股权的股东获得资金、退出公司等目的能够实现，同时也保证公司的人合性不受影响。如果表示不同意的股东不购买其不同意转让的股权，那么，在法律上就认为该股东同意该股权转让，以防止表示不同意转让的股东既不同意转让，又不购买其不同意转让的股权，使意图转让股权的股东无法实现其目的。

在有限责任公司股权转让问题上，与1993年《公司法》的规定相比较，2005年《公司法》作了如下的修改：

（1）由全体股东过半数同意改为"其他股东过半数"同意，使得只有两名股东的有限责任公司在股权外部转让问题上也能够有效保护其他股东的利益。

（2）增加了"书面通知"和"30日答复"的硬性规定，这是为了避免原《公司法》的规定可能导致的权利悬而未决的状态。

（三）有限责任公司股权转让中股东的优先购买权

股东优先购买权是法律赋予股东的一种特殊权利，也是对股东对外转让股权的一种限制手段，其目的很明确——保持有限责任公司股东的稳定。

《公司法》第七十二条第三款规定："经股东同意转让的股权，在同等条件下，其他股东有优先购买权。两个以上股东主张行使优先购买权的，协商确定各自的购买比例；协商不成的，按照转让时各自的出资比例行使优先购买权。"

但该条对优先购买权行使的程序未作规定。一般来说，对外转让股权的股东应向其他股东递交转让申请书，在该申请书上写明受让人、转让股份总数、转让价格等，其他股东应在一定期限内召开股东会对该转让进行表决，以决定是否行使优先购买权，并书面通知出让股东，如有其他股东行使优先购买权，应在表决后的一定期限内出资购买，以免无限拖延；如逾期不召开股东会或不作决定，则视为放弃优先购买权。

这里的"同等条件"，应该是指同样的价格条件下，股东有权优先购买。这意味着根据股权转让协议确定的出让价格，如果其他股东出价相同，则必须转让给其他股东；如果该股权的出让价格于表决时尚未确定，或者事后对外议定的出让价格低于表决时申明的价格，其他股东仍然可以行使优先购买权。

我国《公司法》对股权的转让价格没有任何法律的制约，完全由当事人意思自治、自由约定，给当事人进行不公正交易留下了可乘之机。如股东与股东以外的人串通以高价对外转让股权，迫使其他股东高价购进或因无力购买而放弃优先购买权，造成损失。所以，关于股权转让的价格，一般应先由出让方和受让方协商约定，同时赋予其他股东异议权，其他股东认为该价格不合理，有权提出异议，如果出让方拒绝重新定价或者其他股东认为新价格仍不合理，则可申请鉴定或直接诉至法院。

（四）有限责任公司股权转让登记

《公司法》第七十四条规定："依照本法第七十二条、第七十三条转让股权后，公司应当注销原股东的出资证明书，向新股东签发出资证明书，并相应修改公司章程和股东名册中有关股东及其出资额的记载。对公司章程的该项修改不需再由股东会表决。"这就是公司内部股东变更登记及公司章程的变更。这一规定表明我国《公司法》并没有赋予有限责任公司在股东转让出资过程中享有任何实体权利。在股东转让出资过程中，有限责任公司仅仅负有变更出资登记的程序性义务。此外，股东的变更更应该进行工商变更登记。

对股权转让登记的效力，在学界存有很大争议，主要有以下几种观点：(1) 合同生效要件说。认为登记是股权转让合同的生效要件，未经登记，股权转让即为无效。

(2) 对抗要件说。认为股权转让未经登记不得对抗善意的第三人，但股权转让本身有效。(3) 股权变动生效要件说。认为股权转让未经登记，该转让合同有效，但不发生股权变动的效果。

我们认为，股权转让登记是有限责任公司股权变动的生效要件，而非股权转让合同的生效要件，也非股权变动的对抗要件。

（五）有限责任公司股权转让的限制

1. 股权转让限制的依据

作为民事法律行为的一种，股权转让就转让方与受让方之间法律关系的性质而言属于财产权利的流转。在此流转过程中，作为转让对象的有限责任公司的股权具有不同于有形财产权的特殊性，由此决定了股权的有效转让除了须具备一般民事法律行为的有效要件外，还要受到作为转让关系当事人之外的其他股东的限制。

首先，有限责任公司的人合性特质使股权转让理当受到限制。有限责任公司成立之时起，股东之间就具有较强的人身信用关系。从某种程度上讲，这种相互信任是有限责任公司得以成立的先决条件。信任的内容不仅包括对各股东资信状况、现有财产状况的许可，还包括对彼此经营能力甚至经营理念的认同。因此，在不少情况下，作为公司所有者的股东同时还兼任了董事职务，成为公司的管理者。若允许其不受限制地转让股权，任由他人加入公司，新加入的股东与公司原股东之间的良好的沟通与合作很可能成为问题，这必将影响公司的稳定发展。

其次，用股东决议限制股权转让也是维持公司对外信用的必要保证。在股权转让关系中，作为受让方当事人的个人信用程度，不仅与其他股东的利益密切相关，也足以影响公司的交易者对公司的信任程度。这一点虽不像合伙企业等负无限责任的企业形式那么明显，但因对公司立命安身之根本——信用造成了影响，因此也不容忽视。有鉴于此，各国立法均对有限责任公司股权的转让作出了限制。

2. 股权转让限制的对象

(1) 向股东之外的人转让的限制

该问题在有限责任公司股权的外部转让已有详述，在此不再赘述。

(2) 担任董事、监事的股东出资转让的限制

担任公司董事、监事的股东因兼具所有者与经营者的双重身份，他们的行为必然会对公司和其他股东产生更大的影响。对他们而言，出资既是行使管理及监督职能的基础，同时也是其怠于履行职责的担保和损害公司利益时的担保。因此，对此类股东转让行为的限制理应比普通股东严格。

（六）有限责任公司股权转让的特殊形式

1. 对股权的强制执行涉及的股权转让

在审判实践中，经常会遇到股东资不抵债的情况。在这种情况下，能否通过强制执行股东在有限责任公司中的股权来清偿其债务，《公司法》第七十三条规定：“人民法院依照法律规定的强制执行程序转让股东的股权时，应当通知公司及全体股东，其他股东在同等条件下有优先购买权。其他股东自人民法院通知之日起满20日不行使优先购买权的，视为放弃优先购买权。”

对这一规定可以作以下几方面的理解：

（1）对股权的强制执行应有执行的法律依据，即已经生效且具有给付内容的法律文书。依我国《民事诉讼法》的规定，申请强制执行，必须提供相应的法律依据，执行依据包括判决书、裁定书、仲裁裁决书、债权文书、支付令等。

（2）对股权的强制执行应优先考虑其他股东的意愿。首先，应当及时地通知公司及全体股东；其次，其他股东的优先购买权应予保障，即在同等条件下其他股东可以排斥第三人的购买可能。

（3）对股权的强制执行适当保护第三人利益。即其他股东的优先购买权是有时间限制的，即自人民法院通知之日起20日，如不行使优先购买权，则视为放弃优先购买权，第三人就可以购买股份。

人民法院强制执行股东在有限责任公司中的股权，一般是通过股权转让的方式来实现的。

2. 异议股东收购请求权行使涉及的股权转让

异议股东收购请求权这种特殊的股权转让方式，是投资人对其权利的一种安排，其问题的核心是异议股东收购请求权的行使不能损害公司以外第三人的利益。因此，在不损害第三人利益的基础上，允许股东与公司依据自己的情况自行安排，以实现双方的投资利益，法律就没有禁止的必要。因此，我国新《公司法》放宽了对公司收购本公司股份的限制，其第七十五条规定：有下列情形之一的，对股东会该项决议投反对票的股东可以请求公司按照合理的价格收购其股权：

（1）公司连续五年不向股东分配利润，而公司该五年连续盈利，并且符合本法规定的分配利润条件的；

（2）公司合并、分立、转让主要财产的；

（3）公司章程规定的营业期限届满或者章程规定的其他解散事由出现，股东会会议通过决议修改章程使公司存续的。

尽管我国《公司法》肯定了股东异议股东收购请求权制度这种极为特殊的股权转让制度，但我们也必须清楚地认识到这一制度绝非几个甚至仅仅一个法条所能构建，它需要相应的配套措施，以及立法者观念的转化，以及相应的司法判例中不断衍生新的规则，以不断适应经济生活日新月异的变化，维护当事人的合法权益。

3．因股权继承而发生的股权转让

《公司法》第七十六条明确规定："自然人股东死亡后，其合法继承人可以继承股东资格。但是，公司章程另有规定的除外。"对该规定我们可以从两方面去理解：首先，自然人股东死亡后，其合法继承人是可以继承股东资格的。其次，公司章程可以排除股权继承的可能，这是针对其他股东不愿意与死亡股东的继承人合作的情形，但必须是由股东预先通过章程的设置来实现。

第六章

股份有限公司的法人治理结构

GUFEN YOUXIAN GONGSI DE FAREN ZHILI JIEGOU

第一节 股份有限公司法人治理结构概述

公司的法人治理结构是公司成为法人组织的必要条件，是公司存在与运行的制度体现与保障，也是公司有效治理的基础。由于各国的立法传统以及市场发展与发育的程度不同，造成了公司权利资源分配的差异，公司的组织机构也因此不一而同，一般认为英美法系国家不设监事会，奉行的是单层治理结构，大陆法系国家称为双层治理结构。但目前两大法系国家的公司治理结构也可以出现相互融合和相互渗透的趋势，比如我国在遵循大陆法系国家治理结构的基础上，引入了英美法系国家的独立董事制度（上市公司）。我国的法人治理结构是指处于公司内部，由权力机构（股东大会）、决策与代表机构（董事会）、执行机构（经理等高级管理人员）、监督机构（监事会）等机构组成的，并且按照分权与制衡的原则有机运作的系统。

一、与有限责任公司相比，股份有限公司的优势与局限

（一）股份有限公司的优越性

1. 集资的便利性。股份有限公司是筹集资本的最有效公司组织形式，因为股份有限公司的资本分为等额股份，公开对外发行，对公司发展前景看好的人都可以认购；公司认购单位金额较小，可以广泛地吸收社会闲散资金；股份有限公司的资本具有稳定性，一方面有利于公司有计划地组织经营活动，另一方面也增强了投资者对公司的信心。

2. 风险的分散性。股东仅以出资额为限对公司承担责任，总体上决定了其风险的分散性，另外由于股份可以随时自由地转让和单位金额较小，大量股东只占公司总资本的一小部分，从而有利于分散投资者的风险。

3. 投资的灵活性。投资者可以基于自己的意志自由地选择投资方式，是购买股份还是购买债券，也可以自由地转让自己所持有的股份。

4. 管理的科学性与公司组织的完备性。股份有限公司适应了社会化大生产的需要，实行所有权与经营权分离，实行管理的专门化。

（二）股份有限公司的局限性

1. 设立程序复杂，资本数额要求远高于有限责任公司。这一局限性决定了中小投资者对成立股份有限责任公司望而却步。

2. 公司股东责任感弱。由于股份转让的自由性，公司经营情况转坏时，众多股东基于自身利益的考虑，往往选择抛售股票，成为“单纯的资本所有者”，而不是公司的主人公。

3. 效率低下。这种情况在我国尤其严重，因为一旦以股东大会为核心，而股东大会召开的复杂性，使得公司运作效率低下。

4. 易被操控和投机。股东人数众多，股份高度分散，很容易被大股东操控，中小股东的利益得不到保护；由于资本运营的公开性，即通过股票市场交易，很容易被投机者通过操纵市场、内幕交易等非法行为牟取暴利。

二、股份有限公司组织机构的基本构成

受政治、经济、文化和法律等各种因素的影响，各国公司的组织模式有一定的差异，概括起来有两种模式，一种是以英美为代表的“外部监控模式”，一种是以德国、日本为代表的“内部监控模式”，在市场经济发达的英美等国家，由于其证券市场成熟，股权高度分散，其公司治理更强调信息披露，公司接管等证券市场力量，当公司治理出现问题时，股东往往会采取抛售股票，即所谓的用脚投票的方式来制衡公司的组织机构，而“二战”后发展起来的日、德等国其股权结构较为集中，银行持股与法人交叉持股较为普遍，因而其公司治理更强调股东董事通过内部权力机关进行直接控制的“内部监控模式”。

公司治理结构模式的差异决定各国公司组织机构的类型和具体权力职责不尽相同，但世界上大多数国家在公司所需要的四种职能上还是基本一致的：那就是公司组织机构基本是由权力机关（股东大会）、经营决策与管理机关（一般为董事会）、监督机关（一般为监事会）、执行机关（经理）等组成。上述四类机关在各国的公司组织机构中均有体现，但具体设置略有差异，如在英美国家不设监事会，但在董事制度中规定了独立董事，独立董事实际承担了监督职能。而在德国采取了双层委员会制度，股东会选举监事，成立监督委员会，其权力强大，主要行使决策与监督两大职能，监事会则由理事成立管理委员会，理事会是执行监事会决议并负责公司日常运作的执行机构，与经理共同承担执行职能。我国的新《公司法》既规定了监事会，又规定了独立董事，就是不知双管齐下是否有双重效果。

第二节 股东大会

一、股东大会的概念与特征

（一）股东大会的概念

股东大会是指由全体股东组成的股份有限公司的权力机构。在发起人组建股份有限公司的过程中，随着投资者财产所有权向股权和公司法人权利的转化，同时产生了两种权利之间的相互独立和相互制衡，我国《公司法》为平衡这两种权利，一方面赋予公司的独立法人资格，公司有独立的权利能力与行为能力，独立地承担责任。另一方面又赋予股东作为投资者分红、重大决策权、人事权等权利。一般情况下，通过股东大会行使共益权的方式对维护股东权益更为直接，正因为如此，《公司法》规定股东大会为全体股东组成的权力机构，有权选举和罢免董事会与监事会成员，决定公司的一切重大事项。

（二）股东大会的特征

1．股东大会是公司的最高权力机关

虽然《公司法》并没有明文规定股东大会是公司的最高权力机关，但从股东大会的职权来看，很明显，股东大会是作为公司的权力机关，行使的是最高权力，即使是现代企业制度当中，股东大会的权利弱化，董事会的核心地位加强，但不管是象征性的还是实质性的，股东大会都是公司的权力机关。

2．股东大会是公司的必要的但非常设的意思表示机关

公司虽然具有独立的人格，但它毕竟与自然人是不同的，它不能表达自己的意志，必须通过自己的喉舌，即自己的意思机关来表达。但从公司股东大会的职权来看，并不是所有的公司事项都由股东大会来决定，它只是对公司的重大事项行使决定权，不具体管理公司的日常事务与对外代表公司。因而没有必要常设。

3．股东大会是由公司股东组成的公司机关

股东大会作为股东行使权力的机关，当然是由股东所组成。原则上，所有股东均

可出席股东大会，但法律并没有规定所有的股东均必须出席大会。在此，我们要知道股份有限公司的股东大会是由所有的股东组成，即使是无表决权的股东，也应当可以出席股东大会。

二、股东大会的性质及其组成

根据我国《公司法》第九十九条的规定，股份有限公司股东大会由全体股东组成，股东大会是公司的权力机构，依照本法行使职权。股东大会为股份有限公司必须设立的机关，是股份有限公司的最高意思决定机关，依据《公司法》规定行使职权，并可就公司运营重大事项作出决议。这是股东大会的法律地位与性质的规定。法律同时明确规定股东大会的性质、构成人职权与议事规则等内容。股东大会必须由全体股东组成，无论是普通股股东，还是优先股股东，都是股东大会的组成人员，任何公司与个人都应保障股东的这一权利，不能剥夺与限制。但也要明白，股东大会虽是必设机构，但是非常设机构，这是它跟董事会的区别。股东大会由于它的人数众多且分散，非常不容易召集，且只有在公司遇到重大问题时才行使职权，决定了它没有常设的必要。股东大会行使权力必须以会议的方式进行。

股东大会由全体股东组成，包括：股份有限公司的发起人、公司设立过程中的认股人、公司发行新股的认股人等。各股东之间在法律上地位平等，法律维护小股东的合法权益。

三、股东大会的职权

根据《公司法》第三十八条规定：股东会行使下列职权：

（一）决定公司的经营方针和投资计划；

（二）选举和更换非由职工代表担任的董事、监事，决定有关董事、监事的报酬事项；

（三）审议批准董事会的报告；

（四）审议批准监事会或者监事的报告；

（五）审议批准公司的年度财务预算方案、决算方案；

（六）审议批准公司的利润分配方案和弥补亏损方案；

（七）对公司增加或者减少注册资本作出决议；

（八）对发行公司债券作出决议；

（九）对公司合并、分立、变更公司形式、解散和清算等事项作出决议；

（十）修改公司章程；

（十一）公司章程规定的其他职权。

对前款所列事项股东以书面形式一致表示同意的，可以不召开股东会会议，直接作出决定，并由全体股东在决定文件上签名、盖章。

依照《公司法》规定，股东大会作为合议制机构，其可以决议的事项，就是股东大会的职权。上述权利主要有两类：其一，审议批准事项。如审议批准董事会的报告；审议批准监事会的报告；审议批准公司的年度财务预算方案、决算方案；审议批准公司的利润分配方案和弥补亏损方案等。其二，决定、决议事项。如决定公司的经营方针和投资计划；选举和更换由股东代表出任的监事，决定有监事的报酬事项；对公司增加或减少注册资本作出决议；对发行公司债券和清算等事项作出决议；修改公司章程等。

股东大会的职权除由法律予以规定外，还可在不违反法律规定的原则下，由公司章程规定需由股东大会作出决议的其他事项。

四、股东大会的召开

（一）股东大会的种类

股东大会分为定期会议和临时会议两种。定期股东大会应当每年召开一次，通常在每个会计年度终了后6个月内召开。临时股东大会则应在有下列情况之一时2个月内召开：

1. 董事人数不足本法规定人数或者公司章程所定人数的2/3时；
2. 公司未弥补的亏损达实收股本总额的1/3时；
3. 单独或者合计持有公司10%以上股份的股东请求时；
4. 董事会认为必要时；
5. 监事会提议召开时；
6. 公司章程规定的其他情形。

（二）召集和主持

《公司法》对股东大会的召集与主持在立法上进行了完善，主要是规定了监事会与符合规定的股东的召集与主持的权力。股东大会会议由董事会召集，董事长主持；董事长不能履行职务或者不履行职务的，由副董事长主持；副董事长不能履行职务或者不履行职务的，由半数以上董事共同推举一名董事主持。

董事会不能履行或者不履行召集股东大会会议职责的，监事会应当及时召集和主持；监事会不召集和主持的，连续 90 日以上单独或者合计持有公司 10% 以上股份的股东可以自行召集和主持。

（三）会议通知

召开股东大会会议，应当将会议召开的时间、地点和审议的事项于会议召开 20 日前通知各股东；临时股东大会应当于会议召开 15 日前通知各股东；发行无记名股票的，应当于会议召开 30 日前公告会议召开的时间、地点和审议事项。

一般情况下，股东出席股东大会，不以亲自出席为限。股东可以委托代理人出席股东大会。但代理人出席股东大会，应向公司提交股东开具的载明授权范围的委托书。其中，法人股东的委托书，应该由法人的法定代表人开具，股东委托的代理人出席股东大会，仅能在授权范围内行使表决权。

（四）会议事项与临时提案的提出

股东大会的决议事项一般由董事会、监事会预先决定并通知其他股东，但《公司法》规定，大会除了对预先提出的事项进行决议以外，还可以对符合规定要求的股东提出的临时提案进行表决。即《公司法》第一百零三条规定：单独或者合计持有公司 3% 以上股份的股东，可以在股东大会召开 10 日前提出临时提案并书面提交董事会；董事会应当在收到提案后 2 日内通知其他股东，并将该临时提案提交股东大会审议。临时提案的内容应当属于股东大会职权范围，并有明确议题和具体决议事项。股东大会不得对前两款通知中未列明的事项作出决议。无记名股票持有人出席股东大会会议的，应当于会议召开 5 日前至股东大会闭会时将股票交存于公司。

（五）股东大会的决议

关于表决权。股东大会的决议是通过股东行使表决权作出的。股东的表决权，以其拥有的股份数额确定。

关于议事规则。股东大会决议，一般情况下实行股份多数决定的原则。所谓股份多数决定原则，是指股东大会依持有多数股份的股东意志作出决议。这体现了股份有限公司的资合性质，它注重资本信用，强调资本的地位和作用。而股份有限公司的资本，又是由股份构成，这就使得股份成为表明股东在公司中地位和作用的标志。又由于股东表决权的行使，实行一股一票表决权的原则，股东拥有的表决权与其所持有的股份数量成正比，股东持有的股份越多，他拥有的表决权就越多，他在股东大会通过的任何决议，都不以股东总人数为计算标准，而是以已发行股份总数为计算标准。

股东大会决议实行股份多数表决原则，必须具备两个条件：一是要有代表股份多数的股东出席；二是要有出席会议的股东所持表决权的多数通过。对于普通决议事项，以简单多数即可通过决议。对于特别决议事项，则要以绝对多数方可通过决议。《公司法》第一百零四条规定：股东出席股东大会会议，所持每一股份有一表决权。但是，公司持有的本公司股份没有表决权。股东大会作出决议，必须经出席会议的股东所持表决权过半数通过。但是，股东大会作出修改公司章程、增加或者减少注册资本的决议，以及公司合并、分立、解散或者变更公司形式的决议，必须经出席会议的股东所持表决权的2/3以上通过。

当然，股东大会实行的股份多数决定原则也不是绝对的。为了防止大股东操纵股东大会，可以用公司章程来限制大股东的表决权，比如实行累积投票制。

股东大会对所议事项的决定应当做成会议记录，由出席会议的董事签名。会议记录应当与出席股东的签名册及代理出席的委托书一并保存，供股东查阅（《公司法》第一百零八条）。

五、股东大会决议违法的救济

股东大会必须按照法定的召集方法召集，并依照法定的决议方法通过内容不违法的决议。具备该条件的决议，才具有法律效力。如果股东大会的决议违法，股东有权通过诉讼途径使之无效。我国《公司法》第一百一十一条规定，股东大会的决议违反法律、行政法规，侵犯股东合法权益的，股东有权向人民法院提起要求停止该违法行为和侵害行为的诉讼。

股东大会决议的违法通常有三种情况：即召集程序违法、决议方法违法、决议内容违法。相应地，股东可以提起停止违法召集股东大会或违法进行决议的行为之诉，也可以提起确认违法的决议内容无效之诉。如果股东因决议违法受到侵害，还可以提起要求停止侵害行为之诉。

第三节 董事会

一、董事会的性质及其组成

（一）董事会的性质。董事会是股份有限公司的业务执行机构和公司代表机构，应对股东大会负责。董事会是股份有限公司的常设机构，在公司存续期间始终存在。

（二）董事会的组成。董事会由全体董事组成，依《公司法》第一百零九条规定，股份有限公司董事会成员为5人至19人。董事的产生有两种情况：在公司设立时，采取发起方式设立的公司，董事由发起人选举产生；采取募集方式设立的公司，董事由创立大会选举产生。在公司成立后，董事由股东大会选举产生。

董事会设董事长1人，可以设副董事长。董事长和副董事长由董事会以全体董事的过半数选举产生。董事长主持股份有限公司股东大会会议和董事会会议，为会议主席，主要行使下列职权：（1）主持股东大会和召集、主持董事会会议；（2）检查董事会决议的实施情况；（3）签署公司股票、公司债券。此外，根据公司的需要，可以由董事会授权董事长在董事会闭会期间，行使董事会的部分职权。

有关法定代表人规定，2005年《公司法》作了改动，1993年公司明确规定董事长就是公司的法定代表人。2005年公司改为董事长可以是法定代表人。我国《公司法》第十三条规定："公司法定代表人依照公司章程的规定，由董事长、执行董事或者经理担任，并依法登记。公司法定代表人变更，应当办理变更登记。"

（三）董事任期。董事任期由公司章程规定，但每届任期不得超过三年。董事任期届满，连选可以连任。董事任期届满未及时改选，或者董事在任期内辞职导致董事会成员低于法定人数的，在改选出的董事就任前，原董事仍应当依照法律、行政法规和公司章程的规定，履行董事职务（《公司法》第四十六条）。

二、董事会的职权

《公司法》第四十七条对董事会职权作了明确规定，董事会对股东会负责，行使下列职权：

（一）召集股东会会议，并向股东会报告工作；

（二）执行股东会的决议；

（三）决定公司的经营计划和投资方案；

（四）制订公司的年度财务预算方案、决算方案；

（五）制订公司的利润分配方案和弥补亏损方案；

（六）制订公司增加或者减少注册资本以及发行公司债券的方案；

（七）制订公司合并、分立、变更公司形式、解散的方案；

（八）决定公司内部管理机构的设置；

（九）决定聘任或者解聘公司经理及其报酬事项，并根据经理的提名决定聘任或者解聘公司副经理、财务负责人及其报酬事项；

（十）制定公司的基本管理制度；

（十一）公司章程规定的其他职权。

三、董事会会议召开

1. 董事会会议类型

股份有限公司的董事会会议为定期会议和临时会议两种。董事会定期会议，每年度至少召开两次会议，每次应于会议召开10日以前通知全体董事；董事会召开临时会议，其会议通知方式和通知时限，可由公司章程作出规定。

2. 董事会的召集与出席

股份有限公司的董事会会议，由董事长负责召集。董事长不能履行职权时，可由董事长指定副董事长代其负责召集。

董事会会议应由董事本人出席。董事因故不能出席董事会会议时，可以采用委托他人出席会议的方式，但《公司法》在第一百一十三条对此作了严格的限制：第一，必须采用书面委托形式；第二，委托的代理人必须是其他董事；第三，必须在委托书中载明授权范围。

3. 董事会议事规则

股份有限公司董事会会议应由1/2以上的董事出席会议方可举行。董事会作出决议，必须经出席会议全体董事过半数通过。董事会会议的结果表现于董事会决议之中。

4. 董事会会议记录

董事会应当对会议所议事项的决定做成会议记录，由出席会议的董事和记录员在会议记录上签名。董事应当对董事会的决议承担责任。董事会的决议违反法律、行政法规或者公司章程，致使公司遭受严重损失的，参与决议的董事对公司负赔偿责任。但经证明在表决时曾表明异议并记载于会议记录的，该董事可以免除责任（《公司法》第一百一十三条）。

第四节　独立董事

一、独立董事制度概述

独立董事制度肇始于美国。美国 1940 年颁布的《投资公司法》中即有“至少需要 40% 的董事由独立人士担任”的规定。那么何谓独立董事，美国证券交易会（SEC）将独立董事界定为“与公司没有重大关系的董事”。英国伦敦证券交易所认为“独立董事是独立于公司经营者，没有实质性影响其行使独立判断的任何商业关系或其他关系之董事”。我国证监会在《关于在上市公司建立独立董事制度的指导意见》中把独立董事定义为在公司担任除董事以外的其他职务，并与其所受聘的上市公司及其主要股东不存在可能妨碍其进行独立客观判断的关系的董事。

一般认为英美国家出现的内部人控制（insider control）是独立董事产生的主要原因，因此独立董事的功能应主要定位于监督，即对公司的内部董事和高层管理人员职务行为的监督。我国在公司治理方面所存在的问题，为独立董事提供了巨大的生存空间。首先，我国内部人控制极为严重，中国的上市公司分为国有企业和非国有企业，国有企业普遍存在着所有者缺位的问题，公司的经营管理层成为公司的实际控制者，非国有企业中，公司的经营管理往往是由公司的大股东把持，很多时候对中小股东的利益造成侵害。其次，外部市场监控机制失灵。作为外部市场监控的组成部分公司控制权、经理市场在我国实际上并未确立起来，而我国资本市场由于存在着结构性失衡的问题使得其对公司经营者产生的压力是极为有限的。最后，公司的内部监督机关——监事会软弱无力，导致监事会在公司中是无所作为的。所以就我国上市公司的现状而言，将监督职能作为独立董事的主要职能是合适的。

鉴于我国中小股东要保障自己权利实际上困难重重，笔者认为还应赋予独立董事代表中小股东诉讼的职权，原因有四：一是独立董事作为诉讼代表的号召力与影响力要比一般股东强得多，也与我们设立独立董事制度的立法意图相吻合；二是中小股东权益受损时，就可以和独立董事联系，使得独立董事增加了获取公司真实经营信息的新渠道；三是独立董事拥有代表诉讼权必然使其在董事会中的地位更为重要，这为其职权的实现是有好处的；四是2004年12月7日我国证监会发布的《关于加强社会公众股股东权益保护的若干规定》（以下简称《若干规定》）也明确独立董事要关注社会公众股股东的合法权益不受损害，因此独立董事代表中小股东诉讼也暗与证监会的立法意图相吻合。

另外，笔者认为独立董事与执行董事的职权应明确区分，独立董事不应具有内部董事的业务执行权，独立董事们能利用其专业知识和经验为公司发展提供有建设性的建议，为董事会的决策提供参考意见，但不应过多干预公司的日常经营活动。因为如果独立董事过多地参与公司事务，那就很难保证他的独立性，很难摆脱“自己监督自己”的嫌疑，而且独立董事多为兼职，他们对公司的熟悉程度是无法与公司内部董事、经理相比的，那么独立董事能提出正确到位的意见吗？特别是独立董事的经营理念与公司经营层有分歧时，情况则变得更为复杂。

二、目前独立董事制度存在的问题

（一）独立董事的选任机制存在重大问题

一般认为独立性是独立董事的第一要义，否则，独立董事将混同于公司执行董事，因此我国就独立董事的任职资格做了严格的规定以避免与公司可能有利害关系的人出任独立董事。但由于我国独立董事的产生机制存在着问题致使独立董事缺乏实质上的独立性。首先关于独立董事的任职资格，我国证监会发布的《关于在上市公司建立独立董事制度的指导意见》（以下简称《指导意见》）规定了7种人员不得担任独立董事。包括：在上市公司或者其附属企业任职的人员及其直系亲属和主要社会关系；直接或间接持有上市公司已发行股份1%以上或者是上市公司前10名股东中的自然人股东及其直系亲属；在直接或间接持有上市公司已发行股份5%以上的股东单位或者在上市公司前5名股东单位任职的人员及其直系亲属；最近一年内曾经具有前三项所列举情形的人员；为上市公司或其附属企业提供财务、法律、咨询等服务的人员；公司章程规定的其他人员以及中国证监会认定的其他人员。从这些规定看，它着重是从独立于公司高管、大股东方面考虑的，而对于公司的独立方面，考虑就不够周详。况且独立董事的其他任职条件缺乏硬性的衡量标准，这就导致了独立董事选任的自由度、随意性都过大，那么我国上市公司中出现了大量“人情董事”、“花瓶董事”就毫不奇怪了；其次独立董事的提名、选举机制，我国证监会发布的《关于在上市公司建立独立董事制度的指导意见》规定上市公司董事会、监事会、单独或者合并持有上市公司已发行股份1%以上的股东可以提出独立董事候选人，在通过中国证监会审核后，并经股东大会选举决定，方可任命。从上述规定看独立董事的提名权实际上是掌握在公司的大股东手中，而且独立董事选举属于公司的重大事务还是一般事务语焉不详，所谓股东大会的决定很可能就变成了控股股东的决定。因此，必须对大股东的提名权或选举权进行适度限制，才能使独立董事真正成为中小股东利益的“守护神”。

（二）独立董事制度缺乏立法上的有力支持

目前，独立董事制度在我国仍处于探索阶段，我国《公司法》有关独立董事的规定只有一条，独立董事具体运作规范仅存在于我国证监会制定的《上市公司准则》、《指导意见》等规范性文件，这些文件甚至连部门规章都算不上，而独立董事的出现必将对我国的法人治理结构产生深远的影响。如果我们不能很好地协调独立董事制度与我国《公司法》的关系，协调独立董事和监事会的职能，那就很难想象独立董事制度能够在我国顺利实施，并产生良好的效果。监事会是我国《公司法》所规定的内部监督机关，由于它事实上的软弱无力，才导致我国证监会引入独立董事制度强化监督功能。尽管《指导意见》中就独立董事的选任、职权作了规定，但并未就独立董事和监事会关系作明确界定，这使上市公司的监事会的地位就越发尴尬了。如果两者的关系处理不好，就很容易造成机构重叠和资源浪费。而且独立董事作为一项制度，它涉及独立董事选任、职权、组织形式及薪酬安排等整体企业体制的内容。所以，在建立和完善独立董事制度时也必须系统考虑，通盘运筹。

（三）独立董事的激励机制不足

作为一个现实的“理性人”，独立董事也有自身的利益诉求，而且独立董事多为知名的专家、学者，我们不能冀望于独立董事无偿的或低薪为上市公司服务，因此我国证监会在《指导意见》中提出上市公司应当给予独立董事适当的津贴，但未指出津贴的出处和支付标准。从实际看独立董事的年度津贴从数千元到十几万元不等，相差悬殊。独立董事的薪酬过高或过低都不利于其职权的行使，过低的津贴将可能使独立董事丧失参与公司事务的积极性，因为他会感到付出的劳动与得到的回报不成比例，而且公司决策失败，反倒可能招致名誉受损和承担法律责任；过高的津贴易使独立董事对其职位过于留恋，而不敢过多发表独立意见以免得罪控股股东，从而成为“非独立”的董事。从披露的上市公司违法案件中，许多公司都给独立董事高额报酬，因此我认为如果不能解决独立董事的“适当”的薪酬问题，独立董事制度将会流于形式。

（四）独立董事的职权不明晰

独立董事的角色定位是明确的，即独立董事是站在中立的立场上保护公司和中小股东的合法权益，但《指导意见》除了对独立董事的少数几项职责规定得比较明确外，大多是以“可以”、“应当”、“提议”等形式确定的，缺乏强制性和实际可操作性，同时对独立董事的权利和义务也缺乏明确具体的规定，从而导致独立董事的职权是有名无实的。独立董事王钰表示：“大股东带头违规操作，我的提醒没有任何作用，只好写辞职报告。”虽然在《若干规定》中进一步明确了独立董事的职权，如重大关联交易、聘用或解聘会计师事务所，应由1/2以上独立董事同意后，方可提交董事会讨论。经全体独立董事同意，独立董事可独立聘请外部审计机构和咨询机构，对公司的具体事项进行审计和咨询，相关费用由公司承担；上市公司应当建立独立董事工作制度，董事会秘书应当积极配合独立董事履行职责。上市公司应当保证独立董事享有与其他董事同等的知情权，及时向独立董事提供相关材料和信息，定期通报公司运营情况，必要时可组织独立董事实地考察等职权，但总的来说独立董事的职权仍不完善。

三、完善独立董事制度的几点思考

（一）改革独立董事的遴选机制

目前我国的独立董事聘任机制使独立董事的独立性大打折扣，因此十分有必要对独立董事的遴选机制进行改革。笔者认为我国上市公司较为可行的办法有三种：一是借鉴国外的经验由专门委员会来提出独立董事的候选名单，然后由股东大会讨论和任命。国外独立董事的提名新独立董事，笔者认为似有不妥，因为独立董事提名新的独立董事固然比较客观，但也正因为提名者与公司没有利害关系，也没有切身利益，在实际操作中，就更容易出现被收买或送人情的情况，所以笔者建议提名委员会应主要由中小股东、监事组成。二是由控股股东或大股东提名独立董事，但在股东大会表决时，提名的大股东应当回避。三是由证监会或证监会和中小股东代表共同以差额的方式提名，然后由股东大会讨论和任命。作为第三种方法，由于行政色彩较浓，一般不宜采用。不管是谁提名，如果没有较为广泛的独立董事来源渠道，那都很难避免“熟人”的圈子。因此，笔者建议国家有关部门应当建立独立董事人才库，保证上市公司对独立董事有充分的选择余地。建立人才库的好处有三个：一是减少“人情董事”、“花瓶董事”的出现；二是该人才库可由国家有关机构进行统一的培训和认证，为上市公司提供符合要求的独立董事；三是为有志于从事独立董事职业的人才提供一个渠道。

（二）完善公司立法，协调独立董事与监事会的职权

如前所述，关于独立董事的立法层次较低，与上位法实际上存在着冲突，就具体法条而言也缺乏实操性。所以，修改相关立法的任务十分迫切。首先，应明确上市公司不配合独立董事工作的法律责任，《指导意见》虽然指出上市公司应当为独立董事行使职权提供必要的条件，如独立董事行使职权时，上市公司有关人员应当积极配合，不得拒绝、阻碍或隐瞒，不得干预其独立行使职权，上市公司应当保证独立董事享有与其他董事同等的知情权等，但如果上市公司违反了上述规定，该如何办，独立董事就显得很无奈了。其次，协调独立董事与监事会的职权，在现有的条件下，我们应当整合独立董事和监事会的关系，避免两个监督机关之间的内耗。笔者认为由于独立董事一般为兼职，应该将独立董事监督职能更集中一点，即独立董事监督应是可能损害中小股东权益的事项，而监事一般为专职，那么监事会的范围应当更广泛，而且独立董事作为董事会的一员也应在被监督之列。再次，完善公司的外部监督制度，如常见的问题有大股东占用上市公司资金，上市公司造假等问题，光靠独立董事监督是不能从根本上解决问题的，只有完善了保荐人、证券民事赔偿责任等配套制度，才可能彻底解决这些问题。

（三）改革独立董事的激励机制，强化独立董事的责任制度

要使独立董事制度的功效最大限度地发挥出来，就必须解决好独立董事的激励机制和责任制度，而且这两者必须统筹规划，不能割裂来看，因为要根据独立董事所拥有的权力和享有的利益，才能决定独立董事在多大程度上承担责任。关于独立董事的激励机制主要是指薪酬激励，那么如何给予独立董事“适当的津贴”？参考国外的经验，笔者认为独立董事的津贴总额应相当于公司的一名高层或中层管理人员的薪酬，具体来说津贴可分成两个部分：1. 固定报酬，如车马费、会议补助，这一部分的报酬与独立董事参与公司事务的工作量挂钩，可以直接支付给独立董事；2. 延期支付部分，这部分收入可以和公司的业绩相关，根据公司的实际情况确定一个支付比例，在独立董事任期满后，如果达到预期目标，则支付给独立董事，如果未达到预期或独立董事有损害公司利益的行为时，公司就不再向独立董事支付。国外还有向独立董事支付股票期权的做法，但笔者认为，对独立董事不宜采取此种做法，因为如此一来，独立董事就变成公司的潜在股东，似与独立董事的独立性和证监会的规定相矛盾。我们给了独立董事较为优厚的待遇，独立董事应当认真履行自己的职责，如果违反了他应承担的义务时，就必须承担相应的责任。笔者建议从以下几个方面进一步强化独立董

事的责任：一是通过立法明确并落实独立董事的职权和义务，这是要求独立董事承担责任的前提。《若干规定》要求独立董事向公司股东大会提交年度述职报告，对其履行职责的情况进行说明，就是这方面的最新立法动态。二是建立独立董事协会，作为独立董事的自治管理机构，由其建立独立董事从业的道德规范和职业规范，并定期对独立董事资质、业绩进行评估，对违反相关规定的独立董事进行公开谴责和处罚。三是注重运用声誉约束机制促使独立董事履行自己的职责。从我国上市公司聘请的独立董事来看，相当一部分为知名人士，对他们而言，名誉的损害远远大于经济处罚的损失，笔者建议证监会应当对勤勉尽责的独立董事公开表扬，对未尽到职责的独立董事公开谴责的方式，给独立董事以压力和动力。

最后，独立董事制度毕竟是英美法系国家单轨制公司治理结构的成型经验，如果不结合我国实际加以改造，难免会出现“水土不服”的症状。我们必须加强这方面的理论研究和实证分析，进一步完善公司法人治理结构，并改革相关诉讼机制，只有这样独立董事真正发挥作用的时代才会到来。

第五节　监事会

一、监事会的性质

监事会是股份有限公司的内部监督机构，这是关于股份有限公司监事会的性质规定。在公司意思自治的原则下，股份有限公司的监督，除政府或政府有关部门进行必要的宏观调控以外，都是来自内部的监督。一如政治学中权力机关一般是实质或象征性的监督机关一样，公司中股东大会也一般是最高的监督机构，因为股东大会由全体股东组成，由其监督公司业务执行机构董事会的生产经营活动，符合民主监督的要求。但是股东大会并非常设机构，无法达到时时监督的作用，于是就设置了监事会这一专门监督机构，对公司的业务与财务状况予以时时监督。监事会是由监事组成的常设机构，具有法定性，依法对公司的财务与业务状况随时进行检查；监事会是股份有限公司的自治监督，依法对董事、经理等高管执行职务行为进行监督。

二、监事会的职权

根据《公司法》第五十四条规定：监事会作为公司的检查监督机构，依照法律规定行使下列职权：

（一）检查公司财务；

（二）对董事、高级管理人员执行公司职务的行为进行监督，对违反法律、行政法规、公司章程或者股东会决议的董事、高级管理人员提出罢免的建议；

（三）当董事、高级管理人员的行为损害公司的利益时，要求董事、高级管理人员予以纠正；

（四）提议召开临时股东会会议，在董事会不履行本法规定的召集和主持股东会会议职责时召集和主持股东会会议；

（五）向股东会会议提出提案；

（六）依照《公司法》第一百五十二条的规定，对董事、高级管理人员提起诉讼；

（七）公司章程规定的其他职权。

同时，新《公司法》还规定了监事会的质询权、建议权和调查权。根据新《公司法》第五十五条规定：

监事可以列席董事会会议，并对董事会决议事项提出质询或者建议。

监事会、不设监事会的公司的监事发现公司经营情况异常，可以进行调查；必要时，可以聘请会计师事务所等协助其工作，费用由公司承担。

三、监事会的组成

股份有限公司设立监事会，其成员不得少于三人。这是监事会组成的一般规定。在我国，为了在公司中更好地实行民主管理，规定监事会除了应当包括股东代表外，还必须有适当比例的公司职工代表，其中职工代表的比例不得低于1/3，具体比例由公司章程规定。监事会中的职工代表由公司职工通过职工代表大会、职工大会或者其他形式民主选举产生。

监事会设主席一人，可以设副主席。监事会主席和副主席由全体监事过半数选举产生。监事会主席召集和主持监事会会议；监事会主席不能履行职务或者不履行职务的，由监事会副主席召集和主持监事会会议；监事会副主席不能履行职务或者不履行职务的，由半数以上监事共同推举一名监事召集和主持监事会会议。

由于监事会是公司的监督机构，所以《公司法》明确规定，公司董事、高级管理人员不得兼任监事。

四、监事的任期与报酬

根据我国《公司法》第五十三条规定：监事的任期每届为三年。监事任期届满，连选可以连任。监事任期届满未及时改选，或者监事在任期内辞职导致监事会成员低于法定人数的，在改选出的监事就任前，原监事仍应当依照法律、行政法规和公司章程的规定，履行监事职务。

鉴于监事要履行自己的职责，必然要付出一定的劳动，给监事会一定的报酬也是合情合理的，《公司法》规定：监事会行使职权所必需的费用，由公司承担。

五、监事会的议事规则与表决程序

关于议事期限：监事会每六个月至少召开一次会议。监事可以提议召开临时监事会会议。

关于监事会的议事方式和表决程序：《公司法》规定除本法有规定的外，由公司章程规定。监事会决议有关事项，只要有过半数的监事同意即可，但也有一些国家规定，监事会决议必须经全体监事会成员的 2/3 以上同意才能通过，《公司法》对此没有相关规定。

关于会议记录：监事会应当将所议事项的决定做成会议记录，出席会议的监事应当在会议记录上签名。

第六节　公司经理

一、经理的概念

经理是指为公司管理事务并有权为其签名的公司行政负责人。经理在《公司法》中的规定比较少，可以由公司章程作任意的规定，一经设立，即为公司的常设的辅助业务执行机关。对于公司经理地位的认识，在大陆法系国家将其视为商业使用人，即从属于商业主体并辅助其经营的人，与公司之间的关系是委任关系。

在传统的《公司法》中，董事会一般被认为是公司的常设执行机关，它既负责作出经营决策，又要负责实际管理和代表公司对外进行业务，随着社会分工的精细，以及社会化大生产的发展，公司越来越需要有更高经营水平和管理能力的人才，原有的由股东组成的董事会已经不适应这种趋势，职业经理人正是在这样的背景下应运而生。

二、经理的地位

公司的经理是负责公司日常经营管理工作的高级管理人员。我国《公司法》中的有限责任公司与股份有限公司都规定，公司设经理，由董事会聘任或者解聘，经理对董事会负责。为更好地组织实施董事会决议，我国《公司法》还规定经理列席董事会会议，甚至经公司董事长委托、授权，经理可代表公司对外进行经营活动。

三、经理的职责

公司的经理是负责公司日常经营管理工作的高级管理人员。我国《公司法》规定，公司设经理，由董事会聘任或者解聘，经理对董事会负责。公司董事会可以决定由董事会成员兼任经理。

由于经理隶属于董事会并辅助董事会执行业务，他拥有公司章程所规定的辅助、执行业务所需要的一切权力，经理的权限在其营业范围内，原则上不受限制，即使公司章程有所限制，为交易安全也不得对抗善意第三人。一般而言，公司的职权大体包括经营范围的执行，任免公司职员，对外代表公司签订合同，负责管理公司的日常事务。具体来说有限责任公司经理负责公司的日常经营管理工作，行使下列职权：

（1）主持公司的生产经营管理工作，组织实施董事会决议；

（2）组织实施公司年度经营计划和投资方案；

（3）拟定公司内部管理机构设置方案；

（4）拟定公司的基本管理制度；

（5）制定公司的具体规章；

（6）提请聘任或者解聘公司副经理财务负责人；

（7）聘任或者解聘除应由董事会聘任或者解聘以外的其他高级管理人员；

（8）公司章程和董事会授予的其他职权。

四、公司经理的义务

权利与义务往往是一致的，董事会赋予公司经理比较大的权力，同时也承担相应的义务，我国《公司法》规定，经理和董事、监事一样都是公司高级管理人员，其主要义务是：忠实义务和勤勉义务。我国《公司法》第一百四十八条规定：董事、监事、高级管理人员应当遵守法律、行政法规和公司章程，对公司负有忠实义务和勤勉义务。

公司经理违反法律规定或章程约定的义务，致使公司受到损害时，公司的股东、董事会、监事会都有权对其提起诉讼，经理要承担相应的民事责任；或公司经理在执行职务范围内的业务有违法行为时，致使公司遭受损害的，经理应负赔偿责任。我国《公司法》第一百五十条规定：董事、监事、高级管理人员执行公司职务时违反法律、行政法规或者公司章程的规定，给公司造成损失的，应当承担赔偿责任。《公司法》第一百五十三条规定：董事、高级管理人员违反法律、行政法规或者公司章程的规定，损害股东利益的，股东可以向人民法院提起诉讼。

第七章

股份与股票

GUFEN YU GUPIAO

第一节 股份的特征与性质

一、股份的含义

股份是公司法中与股份有限公司制度相关的重要概念，国内外股份有限公司立法中关于股份的概念均有不同的理解，归纳起来大概有以下三种：

其一是说股份是股份有限公司资本的最基本构成单位。这是得到国内大多数学者支持的一种观点。从公司资本的角度理解，股份是股份有限公司资本的构成单位，而且是最小计量单位，公司资本就是由若干等额股份所组合而成。

其二是说股份是股票的价值内涵。从公司股票的角度看，股份是股票的价值所在，也就是说，股份的股数与每股的金额都是通过股票记载和表示的，没有股份的存在股票就失去了存在的载体与条件。尽管事实上股票与股份实质上并非一致，但人们总喜欢把股份与股票等同。

其三是说股份是计算股东权益的基本依据。从股东的角度来看，股份是股东在公司中享有权利的基础与依据，是计算股东权益的基本单位，股东权利的大小与股份持有的多少是成正比的。

二、股份的特征

我国股份有限公司的股份，作为股东对公司资本的缴付，虽然与其他公司的股东出资本质上并无大的区别，但正是由于股份有限公司的特殊性，使得股份具有其特殊的一面，具体说：

（一）金额化。股份并不是钞票，但作为股份有限公司资本的基本单位，各国与地区都把它金额化了，每一股份都需要用一定的货币金额来表示，赋予它货币的价值，如一股用 10 元人民币来表示它的价值。

（二）平等性。股份一律平等是股份一个重要的特征，股份是公司资本的最小单位，每股所代表的金额相等，而且每一股所代表的权利与义务也平等。股份的这一特征，极大地方便了股份的募集与交易、股东权益的计算、股息与红利的分配以及会计核算与审计监督。

（三）自由转让性。这是股份的本质特征，股份有限公司的成立就是为了方便筹集社会闲散资金，股份的自由转让正是适应了这一需要。根据法律的规定，股份在法律规定的场所，依照法定的规则、程序可以自由转让。

（四）证券性。股份表现为有价证券，这是股份有限公司股份与有限责任公司股份的最大区别，股份有限公司的股份必须采取股票的形式，股票是股份有限公司签发的证明股东所持有股份的凭证，股票所代表的股东权是一种有财产内容的权利，可以自由地转让与流通。

三、股权的性质

股权与公司法人财产权是现代公司制度中的一对核心内容。它们伴随着公司法人制度的诞生而诞生，并从此相伴相随。它们的出现，对传统的民事权利理论尤其是物权理论提出了一系列的挑战。长久以来，民法学家和公司法学家都从各个不同的角度尝试对股权和公司法人财产权的性质进行阐述，力图将其纳入传统的民事权利框架。研究股权和公司法人财产权的性质，不仅具有重大的理论意义，而且对于我国建立科学的现代企业制度具有十分重要的实践意义。

目前对于股权的性质主要有所有权说、债权说、社员权说和股东地位说。

所有权说根据对公司财产权的分析，认为股权的性质就是股东的所有权。所有权说最大的缺陷在于对现代企业制度的精神缺乏理解。公司自取得法人资格起，即为一独立人格的主体，股东的所有出资都已成为公司独立拥有的财产，股东对于公司中的任何财产不可能依据所有权的形式任意支配。股东通过股权只能对公司进行经营管理，而非控制公司财产，故股权的性质与所有权的固有含义早已相去甚远。另外，所有权说的一个重要论据是通过分析，认为股东以前拥有的权利在投入公司以后性质并未改变，投入以前是所有权，现在仍是所有权。其实股东并不都以所有权出资，根据法律规定，股东可以以货币出资，也可以以实物、工业产权、非专利技术以及土地使用权等出资。而根据传统民法理论，货币和实物可以成为所有权的客体，但工业产权、非专利技术、土地使用权等则应属与所有权并列的权利种类。若股东以知识产权或土地使用权折价入股，本来就非所有权性质，如何投入公司后反而变成了所有权？至于“按份共有说”不过是把所有权说再细化一下，其实并未跳出所有权说的范畴，所有辩驳所有权说的理由都可以对抗按份共有说。

债权说认为股权就是股东对于公司所享有的债权。从本质上讲，股东与公司的关系不应是债权债务关系。同时，债权人可以请求债务人为一定的行为，如返还债务，但依据我国《公司法》之规定，股东出资一般不予退还。债权说注重了股权的收益请求权等权利特征，却忽视了股权的其他根本特征，如参与公司管理、决策等权利。而这些根本不是债权的内容。另外，债权是一种保证偿还的请求权，具有担保性。其收益不以公司经营业绩的好坏为转移。而股权则天生具有风险性，其权益随公司经营业绩的变化而变化。

社员权说就是股东基于其营利性社团的社员身份而享有的权利。股权社员权说在西方国家有较大影响，但同样有缺陷。社员权是基于一定的身份关系而取得的权利，虽然也有一定的资合特征，但人合性更明显。而股权则基于出资而取得一定的身份，主要强调资合性，这在现代公司制度的发展趋势中表现得愈加明显。股权社员权说在传统的人合公司中具有一定的合理性，但其不能适应现代社会发展的需要，应予摒弃。况且，在我国的民事权利种类划分理论中，一般不把社员权当做一种独立的权利种类与物权、债权等并列。故有学者认为，股权社员权说对股权的性质基本上未予揭示，只是复述了股权的内容，回避了股权的性质。

对于股东地位说，实际上也只不过是股权社员权说的翻版而已，因为股权社员权说是从权利角度论述，而股东股权的性质地位说则是从权利取得的基础的角度论述罢了，两者并无实质性的区别。

股权既不是所有权，也不是债权、社员权，那它究竟是一种什么权利呢？有学者提出股权应是一种与债权、物权并列的独立的民事权利。我们赞同这一观点。股权作为现代公司制度发展的产物，早已跳出传统民事权利分类所能涵盖的范畴，股权内容具有综合性，既有财产权，又有非财产权，既有收益请求权，又有事务决策权，甚至还有诉讼权。如此复杂的权利内容组合想用任何一种传统民事权利涵盖都是不可能的，以上诸种学说均难令人信服。唯有在民事权利框架中创立一独立权利种类，方可解决股权性质的归属问题。传统民事权利的划分法远在公司出现之前就已存在，由于其对长期以来社会经济生活的深刻抽象而被历代法学家奉为真理，然而束缚了后代法学家思想的脚步。所以当公司制度出现，股权作为一种鲜活的既在物进入人们的视野时，法学家们仍然一如既往地为其在固有框架中寻找归宿，而一时无法跳出其固有的思维定势。其实，公司法人制度的问世，如同马克思所说的："是时代的曙光，其意义不亚于欧洲产业革命中蒸汽机的发明。"伴随这一伟大的发明，诞生出一种新型的独立民事权利，应该说是非常正常的。

综上所述，股权从其产生来看，即作为出资方的股东向公司让渡一部分财产，以换取对公司实际经营的控制权能。换言之，股权所体现出的非为所有权或是债权等权利，并不具有任何财产性质。而股权转让所体现出的财产性质，由于出资的不可返还性，故应为社会群体基于交换对股票价值的评价。因此，股权作为一种新的权利形式，还有待于进一步研究。

第二节　股份的转让

一、股份转让概述

股份转让又称股权转让，是指股东将代表股东身份和股东权利的股份移转于他人的民事行为。股份转让权原则上属于股东权中的自益权，但由于股权转让不但是股权转让人与股权受让人之间的合同行为，同时又涉及公司、其他股东及债权人的利益，因此股权转让又受到各种各样的限制。

（一）股份转让的原则

股份转让的两项基本原则是股份的自由转让原则和股份的概括转让原则。其中股份的自由转让原则是指股东有权自由转让其享有的股东权。尽管现实生活中股份转让来自方方面面的限制，但是股份的自由转让原则仍然被各国所采用。其原因在于股东的股份转让权是股东的基本权利之一，该制度的确定甚至早于公司制度的确立。只有赋予股东以股份转让权，才能保证公司资产的连续性和公司的长远发展规划，禁止股东以任何方式转让股份与公司制度相悖，是无效的。对股份转让加以限制相对于股份的自由转让原则来说只能是例外情况，不能因股份转让限制的存在而否认股权的自由转让原则。股份的概括转让原则是指股份一旦转让，则属于股东权的权利，义务概由受让人继受，即股份的转让不能像物权或债权的转让那样，转让双方可以约定仅转让物权或债权中的一项或部分权能或权利。

（二）股份转让的方式

根据《公司法》第一百二十六条的规定，我国股份公司的股份采取股票的形式。

公司法关于股票的转让方式主要是根据股票是否记名而定，考虑到交易安全的问题，法律对记名股票与无记名股票分别规定如下：

记名股票，由股东以背书方式或者法律、行政法规规定的其他方式转让；转让后由公司将受让人的姓名或者名称及住所记载于股东名册。股东大会召开前20日内或者公司决定分配股利的基准日前5日内，不得进行前款规定的股东名册的变更登记。但是，法律对上市公司股东名册变更登记另有规定的，从其规定。这就意味着记名股票一经背书交付，在转让人与受让人之间即发生法律效力，且该转让可以对抗第三人。但只有将受让人的姓名或者名称及住所记载于公司股东名册，才能对公司产生对抗。与旧《公司法》有所不同的是在时间上稍作改动，即规定在股东大会召开前的20日内（旧《公司法》为30日内）不得办理变更登记。

无记名股票的转让，由股东将该股票交付给受让人后即发生转让的效力，无记名股票在票面上没有记载股东姓名或名称，也没有公司股东名册的设置。因此，无记名股票的转让方式相当的方便自由，这也正是股份有限公司筹集资金的优势所在。无记名股票的转让，由股东在依法设立的证券交易所将股票交付受让人后即发生转让的效力，与记名股票的背书转让相比，因没有登记的规定，所以股票一经交付受让人，转让即告完成，产生对抗第三人的效力。

二、股份转让的限制

1. 对股份转让加以限制的原因

对股份转让加以限制的原因主要有以下几方面：首先是加强公司治理及董事、控制股东忠实地履行义务的需要。如公司对控制股东、公司董事、监事、经理转让股份的限制。其次是反垄断及保护中小股东利益的需要，如上市公司收购、外商投资企业并购等限制股份转让的相关规定。最后是国家经济安全及防止国有资产流失的需要，如外商投资企业股权转让和受让股份以及国有股份转让方面的限制。

2. 外商投资企业股份转让的规定

外商投资企业的股份转让应办理外经贸主管部门的审批手续，股份转让协议从批准之日起生效。

外国投资者协议购买境内非外商投资企业的股东的股权使该境内公司变更设立为外商投资企业的，构成我国《外国投资者并购境内企业暂行规定》中所称的股权并购，要受到该规定的限制。对通过收购国内企业股权设立外商投资企业的外国投资者，应自外商投资企业营业执照颁发之日起3个月内支付全部购买金额。对特殊情况需延长支付者，经审批机关批准后，应自营业执照颁发之日起 6 个月内支付购买金额的 60% 以上，在一年内付清全部购买金额，并按实际缴付的出资额的比例分配收益。控股投资者在付清全部购买金额之前，不得取得企业的决策权，不得将其在企业中的权益、资产以合并报表的方式纳入该投资者的财务报表。

3. 上市公司股份转让的限制

对于上市公司的股份转让，公司不得在法定限制之外设定意定限制。上市公司股份转让的限制主要表现在对发起人、董事、监事、经理持股转让权的限制、禁止内幕交易、对收购上市公司设定法定限制以及股权分置改革中非流通股股东上市挂牌交易转让股份的限制。

《公司法》第一百四十二条规定："发起人持有的本公司股份，自公司成立之日起一年内不得转让。公司公开发行股份前已发行的股份，自公司股票在证券交易所上市交易之日起一年内不得转让。公司董事、监事、高级管理人员应当向公司申报所持有的本公司的股份及其变动情况，在任职期间每年转让的股份不得超过其所持有本公司股份总数的 25%；所持本公司股份自公司股票上市交易之日起一年内不得转让。上述人员离职后半年内，不得转让其所持有的本公司股份。公司章程可以对公司董事、监事、高级管理人员转让其所持有的本公司股份作出其他限制性规定。"

三、特殊情形下的股份转让

1. 关于离婚中的股份转让

夫妻双方分割共同财产中的公司股份时，协商不成或者按市价分配有困难的，人民法院可以根据数量按比例分配。人民法院审理离婚案件，涉及分割夫妻共同财产中以一方名义在公司的出资额，另一方不是该公司股东的，按以下情形分别处理：(1) 夫妻双方协商一致将出资额部分或者全部转让给该股东的配偶，过半数股东同意、其他股东明确表示放弃优先购买权的，该股东的配偶可以成为该公司股东。(2) 夫妻双方就出资额转让份额和转让价格等事项协商一致后，过半数股东不同意转让，但愿意以同等价格购买该出资额的，人民法院可以对转让出资所得财产进行分割。过半数股东不同意转让，也不愿意以同等价格购买该出资额的，视为其同意转让，该股东的配偶可以成为该公司股东。

2. 关于继承中的股份转让

继承中的股份转让适用股份转让的概括性规则，公司有权在公司章程中规定强制买卖协议条款，即规定公司或其他股东有义务按事先约定的股权价格或事先约定的计算方法计算所得的股权价格购买去世股东的遗产股份，同时该遗产股份的继承人有义务向公司或其他股东转让该遗产股份。

3. 关于公司回购股份

公司回购股份是指公司作为本公司股份的受让方所进行的股权转让，即股东向其股份所在公司转让股份。由于公司回购股份与资本维持原则相悖，为了保护公司债权人的利益，无论是实行法定资本制的国家还是实行授权资本制的国家，都对公司回购自己的股份设定严格的限制。我国《公司法》规定公司原则上不能收购自己的股份，也不得接受本公司股票作为抵押权的标的。《公司法》第一百四十三条还规定：公司不得收购本公司股份。但是，有下列情形之一的除外：

（1）减少公司注册资本；

（2）与持有本公司股份的其他公司合并；

（3）将股份奖励给本公司职工；

（4）股东因对股东大会作出的公司合并、分立决议持异议，要求公司收购其股份的。

公司因前款第（1）项至第（3）项的原因收购本公司股份的，应当经股东大会决议。公司依照前款规定收购本公司股份后，属于第（1）项情形的，应当自收购之日起十日内注销；属于第（2）项、第（4）项情形的，应当在6个月内转让或者注销。公司依照第一款第（3）项规定收购的本公司股份，不得超过本公司已发行股份总额的5%；用于收购的资金应当从公司的税后利润中支出；所收购的股份应当在一年内转让给职工。

为保护少数异议股东的股东权及公司实现员工持股计划等特殊需要，我国2005年《公司法》放宽了对公司回购股份的限制，最主要的一条就是明确异议股东请求公司收购其股份的法定情形。《公司法》第七十五条规定：有下列情形之一的，对股东会该项决议投反对票的股东可以请求公司按照合理的价格收购其股权：

（1）公司连续五年不向股东分配利润，而公司该五年连续盈利，并且符合本法规定的分配利润条件的；

（2）公司合并、分立、转让主要财产的；

（3）公司章程规定的营业期限届满或者章程规定的其他解散事由出现，股东会会议通过决议修改章程使公司存续的。

自股东会会议决议通过之日起60日内，股东与公司不能达成股权收购协议的，股东可以自股东会会议决议通过之日起90日内向人民法院提起诉讼。

4. 关于因股份质押导致的股份转让

股份出质的特点：出质的股份须依法进行转让，外商投资企业股份出质须办理审批手续。我国《担保法》第七十八条规定：以依法可以转让的股票出质的，出质人与质权人应当订立书面合同，并向证券登记机构办理出质登记。质押合同自登记之日起生效。股票出质后，不得转让，但经出质人与质权人协商同意的可以转让。出质人转让股票所得的价款应当向质权人提前清偿所担保的债权或者向与质权人约定的第三人提存。以有限责任公司的股份出质的，适用《公司法》股份转让的有关规定。质押合同自股份出质记载于股东名册之日起生效。最高人民法院《关于适用〈中华人民共和国担保法〉若干问题的解释》第一百零三条规定：以股份有限公司的股份出质的，适用《公司法》有关股份转让的规定。以上市公司的股份出质的，质押合同自股份出质向证券登记机构办理出质登记之日起生效。以非上市公司的股份出质的，质押合同自股份出质记载于股东名册之日起生效。

我国《公司法》规定，公司不得接受本公司的股票作为质押权的标的。

第三节　股票的概念及其特征

一、股票的概念与特征

股票是股份有限公司证券化的形式，股票与股份的关系密切，形同表里，是股份有限公司签发的证明股东所持股份的凭证。股票具有以下特征：

（一）股票是一种要式证券

它的制作和记载事项必须按照法定的方式进行。我国《公司法》规定，股票必须载明下列主要事项：（1）公司名称；（2）公司登记成立的日期；（3）股票种类、票面金额及代表的股份数；（4）股票的编号；（5）股票由董事长签名，公司盖章；（6）发起人的股票，应当标明发起人股票字样。

（二）股票是一种有价证券

它以证券的持有为权利存在的条件。股票作为一种有价证券，所表示的是股东的财产权。由此，股票持有者可享有分配股息的权利；公司终止清算时，有取得公司剩余财产的权利等。同时，股东权的存在要以股票的持有为条件。也就是说，股票的合法持有者就是股东权的享有者。

（三）股票是一种流通证券

股票可以在市场上流通，是一种典型的流通证券。股票的流通方式有二：一是上市交易，即到证券交易所挂牌交易；二是柜台交易。以为股票的流通性只是上市交易，其实是一种误解，柜台交易也是股票流通性的表现。是否允许股票上市，各国均有法定条件，只有符合法定条件的股票，方能上市挂牌交易。

（四）股票是一种风险证券

严格讲，凡证券权利的实现都具有一定的风险性。但由于股票投资本身就是一种具有高度风险的投资方式，其风险性在诸种证券中至为突出。股票投资取利主要取决于公司的实际经营状况，而公司经营本身就具有风险性，正是公司经营的风险性直接决定了股票投资的风险性。从这个意义上理解，可以说股票投资又是一种具有射幸性质的法律行为。也正是因为股票收益应包含风险补偿收入，收益高额化就成为了对股票持有人面临的高度风险的一种必要的补偿和激励。

二、股票的种类

按照不同的分类方法，股票可以分为不同的种类。

（一）按股票持有者可分为国家股、法人股、个人股、外资股四种。四者在权利和义务上基本相同。不同点是国家股投资资金来自国库。法人股是指由具有法人资格的组织以其可支配的财产向公司投资形成的股份，法人股又分为企业法人股、事业单位法人股和社会团体法人股三种。个人股投资资金来自个人的合法财产。外资股，这是指外国和中国港澳台地区的投资者，以购买人民币特种股票的形式，向公司投资形成的股份，又分为法人外资股和个人外资股。

（二）根据股份所代表的股东权利性质的不同，可分为普通股和优先股。

1. 普通股是指平等的无差别待遇的股份。属于股份有限公司中最基本的股份，普通股有以下三个特征：一是其股息不固定，视公司有无利润和利润多少而定，而且必须在支付了公司债利息和优先股股息后才能分取。二是体现在公司终止清算时，普通股股东在优先股股东之后取得公司剩余财产。三是普通股股东一般都享有表决权，普通股股东有出席或委托代理人出席股东大会并行使表决权的权利，参与公司重大问题的决策。普通股股东在公司利润丰厚时是主要的受益者，在公司亏损时是主要的受害者。

2. 优先股是指股东在公司盈余或剩余财产的分配上享有比普通股股东优先的权利的股份。优先股的特征：第一，可优先获得股息，且股息一般是固定的，不受公司经营状况好坏的影响，是股权债权化的集中体现。第二，优先分配公司财产，当公司终止时，公司剩余财产在依法分配给债权人之后，优先股的股东有权在普通股之前优先分配剩余财产。第三，优先股一般无表决权。这种无表决权是其优先参与分配的对价。优先股根据股东拥有权利的不同，可划分为两种类型：（1）累积优先股与非累积优先股。累积优先股是优先股中最常见的一种，是当公司利润下降或亏损以至于当年不能及时支付股息时，其股息可以累积到下一年或公司经营状况好转后由公司予以补回的优先股。非累积优先股是指当期未支付的股息不能累积到下一期用以后年度的利润补回的优先股。（2）可转换优先股与不可转换优先股。可转换优先股是指在规定的时期内，股东可以按照一定的比例将优先股转换为普通股的股份。反之则为不可转换优先股。我国现在的《公司法》规定有普通股与优先股，但在优先股的规定上并没有具体的优先股与非优先股、累积股与非累积股之分。

（三）根据是否记载股东的姓名为标准，可分为记名股和无记名股。

1. 记名股。这是指将股东姓名记载于股票之上的股份。记名股不仅要求在股票上记载股东姓名，而且要求记载于公司的股东名册上。记名股的股东权利并不完全依附于股票，记名股份的权利只能由股东本人行使，非股东即使持有股票，也无资格行使股权。记名股转让时，应作记名背书，并在移交股票后，变更公司股东名册上的记载。未经记载不发生转让的效力。

2. 无记名股。这是指发行的不将股东姓名记载于股票之上的股份。这种股份的股东权利完全依附于股票，凡持票人均可主张其股东权利。无记名股在转让时，只需在合法场所交付于受让人，即可发生股权转移的效力。

记名股的优点在于有利于公司对股东状况的掌握，便于公司对股份的流通进行了解，可以最大限度地防止股票投机行为。而无记名股的优点是便于股份的流通。在市场上常见的大多数都是无记名股。

（四）以是否记载金额为标准，可分为面额股与无面额股。

1. 面额股，又称面值股，是指股票票面标明一定金额的股份。面额股的每股金额必须一致，但具体数额多少，不同的国家有不同的规定，一般会规定票面金额的最低额，但不设上限。在我国面额股一般是人民币一元一股，但也有特例，比如上市公司紫金矿业就是以每股一毛钱的面额发行的。

2. 无面额股，又称比例股，是指股票不标明金额，只标明每股占公司资本的比例。我国《公司法》规定将票面金额作为股票上应当记载的主要事项，故而可以推知，我国实际上是禁止发行无面额股的。

（五）按发行范围可分为A股、B股、H股和F股四种。A股是在我国国内发行，供国内居民和单位用人民币购买的普通股票；B股是指在中国境内以外币买卖的特种普通股票；H股是我国境内注册的公司在香港发行并在香港联合交易所上市的普通股票；F股是我国股份公司在海外发行上市流通的普通股票。

第四节　股票发行与上市

一、股票的发行

（一）股票发行的概念及特征

我国《公司法》未对股票发行进行界定，但国务院于1993年4月22日发布的《股票发行与交易管理暂行条例》则对股票的公开发行进行了解释，该条例第八十一条第三项规定，股票的公开发行“是指发行人通过证券经营机构向发行人以外的社会公众就发行人的股票作出的要约邀请、要约或者销售行为”。其中的要约邀请和要约即我们通常讲的募集。根据这一规定和我国股票发行市场的实际运营来看，股票发行在我国不仅包括发行人制作及发售股票的行为，而且也包括发行人向社会公众的招募行为。因为，股票的发行是一个过程，它包含着密切相关的一系列程序和行为。股票的募集，从本质上讲，只是股票发行程序中的一道工序，而且，从世界各国的立法来看，绝大多数国家都把股票的募集作为股票发行的一个环节来规定，并未把它视为股票发行前的一个独立阶段。因此，我国的股票发行是指股份有限公司以同一条件向社会公众招募及发售股票的法律行为。股份有限公司的股票发行，应该具有以下四个法律特征。

1. 股票发行是一种法律行为

依照法律规定的条件和程序所进行的股票发行是一种法律行为，能在股份有限公司和投资者之间形成一种法律关系，为股票认购者在法律上设立相应的权利和义务。

如投资者认购了股份，就成了发行股票的股份有限公司的股东，就可依法享有股东的各项权利，并承担股东的各项义务。

2. 股票发行的条件必须具有同一性

股份有限公司在发行股票时必须对非特定人以同一条件公开招募及发售股票。国家禁止对有的投资者优惠，而对另一些投资者则提出歧视性的不公平条件。如果未以同一条件向社会公众发行股票，该股票发行不仅失去了法律效力和法律保护，而且还要受到一定的法律制裁。因此，我国《公司法》第一百三十条明确规定，同次发行的股票，每股的发行条件和价格应当相同，任何单位或者个人所认购的股票，每股应当支付相同的价款。

3. 股票发行者必须是股份有限公司

从世界各国的公司立法来看，只有股份有限公司才是股票的发行主体。这里所称的股份有限公司，包括已经成立的股份有限公司和经批准拟成立的股份有限公司。非股份有限公司依法不能发行股票。

4. 股票发行是股票募集及发售的有机统一

股票发行从其内容来看，不仅包括发行者向社会公众发行股票的行为，而且也包括向社会公众以同一条件的股票募集行为。所谓募集股票发行的要约邀请和要约，其中要约邀请是指建议他人向自己发出要约的意思表示，而要约则是指向特定人或非特定人发出购买或者销售股票的口头或书面的意思表示。募集及发售二者的有机统一，才是我们这里讲的名符其实的股票发行。

（二）股份的发行原则

《公司法》第一百二十七条规定，股份的发行，实行公开、公平、公正的原则。具体而言，股份有限公司发行股份时应当做到：其一，当公司向社会公开募集股份时，应就有关股份发行的信息依法公开披露。其中，包括公告招股说明书，财务会计报告等。其二，同次发行的股份，每股的发行条件和价格应当相同。任何单位或者个人所认购的股份，每股应当支付相同价额。其三，发行的同种股份，股东所享有的权利和利益应当是相同的。因此，我国的《公司法》规定，股票的发行必须做到同股同权、同股同利。

（三）股份的发行规则

1. 股份的面额。我国《公司法》第一百二十八条规定，股票发行价格可以按票面金额，也可以超过票面金额，但不得低于票面金额发行股票。如以超过票面金额为股票发行价格的，须经国务院证券管理部门批准。从我国《公司法》的立法意图来看，我们是不主张发行无面额股的，要求股票应当能有一定的面额。

2. 股份发行的形式。根据我国《公司法》的规定：公司的股份采取股票的形式。股票是公司签发的证明股东所持股份的凭证。按照世界上大多数国家的惯例，股份一般采取股票的形式。作为一种有价证券，以股票的形式出现，容易被人们接受，因为股票在刚出现时的流通功能已相当突出，人们已有足够的理由信任它。

3. 股票的内容。股票采用纸面形式或者国务院证券监督管理机构规定的其他形式。那么不管是谁持有股票，股票上应记载哪些内容，《公司法》作出了明确的规定，一是规定股票应当载明下列主要事项：公司名称，公司成立日期，股票种类、票面金额及代表的股份数，股票的编号。二是规定股票由法定代表人签名，公司盖章。未经公司法定代表人签名和公司盖章，股票不发生法律效力，持有该股票的股东不能行使股票上的权力。

4. 有关记名股发行的规定。根据股票票面是否记载股东的姓名为标准，可分为记名股和无记名股，公司发行的股票，可以为记名股票，也可以为无记名股票。公司向发起人、法人发行的股票，应当为记名股票，并应当记载该发起人、法人的名称或者姓名，不得另立户名或者以代表人姓名记名。而向社会公众发行的股票，《公司法》没有作出规定，一般来说，它既可以是记名股，也可以是无记名股。

关于记名股票发行的内容《公司法》规定，公司发行记名股票的，应当置备股东名册，记载下列事项：股东的姓名或者名称及住所；各股东所持股份数；各股东所持股票的编号；各股东取得股份的日期。发行无记名股票的，公司应当记载其股票数量、编号及发行日期。

（四）股票发行的方式

1. 不公开发行。不公开发行亦称内部发行，是指股份有限公司的股票只向公司的发起人发行的方式。发起设立的股份有限公司依法只能采取不公平发行的方式。我国《公司法》第七十四条第二款规定，拟采取发起设立方式设立的股份有限公司应将所要发行的股票全部发售给发起人。发起人以书面认购公司章程规定发行的股票后即应缴纳全部股票金额；以实物、工业产权、非专利技术或者土地使用权抵作股款的，应当依法办理其财产权的转移手续。股份有限公司登记成立后，即可向发起人正式交付股票，公司登记成立前不得向发起人交付股票。

2. 公开发行。公开发行是指采取募集设立的股份有限公司通过证券经营机构向社会公众公开募集及发售的方式。根据我国《公司法》第八十九条规定，股份有限公司公开发行股票，应当由依法设立的证券经营机构承销。采取公开发行方式，有利于扩大股东的范围，实现股权分散化，也有利于在短期内筹到公司所需的大量资本，便于公司很快地投入生产和经营，也有利于提高公司的知名度。

二、上市公司的概念与特征

上市公司是指其股票获准在证券交易市场挂牌交易的股份有限公司。上市公司具有以下法律特征：

1. 上市公司必须是股份有限公司。根据《公司法》与《证券法》的有关规定，上市公司在其法律性质上属于股份有限公司，有限责任公司与其他形式的公司均无权申请股票上市。从逻辑上说，上市公司首先必须是股份有限公司，因此他必须具备股份有限公司的所有要素。也就是说，在设立条件与程序上、法律特征上等方面都必须满足符合股份有限公司的规定。

2. 上市公司的股票上市必须获得批准。股份有限公司申请股票上市必须获得国务院或国务院授权证券管理部门的批准，只有符合上市公司的条件才能获准上市，因为股票上市具有高度的组织性与规范性，国务院对上市公司有着非常严格的规定。

3. 上市公司的股票必须到证券交易场所上市交易。证券交易必须到法定的场所进行交易，按照法律规定，证券交易要到证券交易所进行，也就是到所谓的一级市场交易（发行市场）和二级市场交易（流通市场）。

为进一步完善上市公司的治理结构，我国《公司法》在“股份有限公司的设立和组织机构”一章中，设立专节“上市公司组织机构的特别规定”，对独立董事、董事会秘书和关联交易等作出规定。法律规定，上市公司董事与董事会会议决议事项所涉及的企业有关联关系的，不得对该项决议行使表决权，也不得代理其他董事行使表决权。该董事会会议由过半数的无关联关系董事出席即可举行，董事会会议所作决议须经无关联关系董事过半数通过。出席董事会的无关联关系董事人数不足三人的，应将该事项提交上市公司股东大会审议。

法律同时规定，上市公司在一年内购买、出售重大资产或者担保金额超过公司资产总额30%的，应当由股东大会作出决议，并经出席会议的股东所持表决权的2/3以上通过。

三、股票上市的条件与程序

（一）股票上市的条件

《公司法》所称的上市公司是指所发行的股票经国务院或者国务院授权证券管理部门批准在证券交易所上市交易的股份有限公司。所谓上市交易，即是指证券在依法设立的证券交易市场内采用公开竞价的方式进行证券交易。股票上市必须同时符合两方面的条件：

一是根据《公司法》与《证券法》的规定必须符合股票公开发行的条件，《公司法》的规定在前面有讲述，同时《证券法》也规定：设立股份有限公司公开发行股票，应当符合《中华人民共和国公司法》规定的条件和经国务院批准的国务院证券监督管理机构规定的其他条件，向国务院证券监督管理机构报送募股申请和下列文件：

（1）公司章程；

（2）发起人协议；

（3）发起人姓名或者名称，发起人认购的股份数、出资种类及验资证明；

（4）招股说明书；

（5）代收股款银行的名称及地址；

（6）承销机构名称及有关的协议，依照本法规定聘请保荐人的，还应当报送保荐人出具的发行保荐书。

二是符合《证券法》规定的上市条件，根据《证券法》第五十条规定：股份有限公司申请股票上市，应当符合下列条件：

（1）股票经国务院证券监督管理机构核准已公开发行；

（2）公司股本总额不少于人民币 3000 万元；

（3）公开发行的股份达到公司股份总数的 25% 以上，公司股本总额超过人民币 4 亿元的，公开发行股份的比例为 10% 以上；

（4）公司最近 3 年无重大违法行为，财务会计报告无虚假记载。

证券交易所可以规定高于前款规定的上市条件，并报国务院证券监督管理机构批准。

《证券法》与《公司法》对股票上市作以上规定，从根本上保证了其上市股票的合法性、可靠性与安全性，把风险降到最低，保护广大出资者的利益少受或者不受侵害，以维护社会经济秩序的稳定。

（二）股票上市的程序

股份有限公司具备了上市的资格后，只是具有了一种可能性，真正要让股票上市还必须经过申请与审批等一系列程序。

股票上市程序包括：

1. 上市申请。发行人在股票发行完毕，召开股东大会，并完成公司注册登记后，可向证券交易所提出上市申请。根据《证券法》第五十二条规定：申请股票上市交易，应当向证券交易所报送下列文件：

（1）上市报告书；

（2）申请股票上市的股东大会决议；

（3）公司章程；

（4）公司营业执照；

（5）依法经会计师事务所审计的公司最近三年的财务会计报告；

（6）法律意见书和上市保荐书；

（7）最近一次的招股说明书；

（8）证券交易所上市规则规定的其他文件。

2. 审查批准。由于发行人在发行准备阶段已经取得了交易所的上市承诺，所以交易所在收到公司上市申请文件后，主要进行形式审查和部分实质审查，并在20个工作日内作出审批决定。

3. 订立上市协议书。拟上市公司在收到上市通知后，应与证券交易所签订上市协议书，明确相互间的责任、权利及义务。

4. 股东名录登记。将公司的股东的姓名、住所、出资金额等事项进行登记。

5. 披露上市有关文件与上市公告书。在股票挂牌交易前三个工作日内，在至少一种指定信息披露报刊上刊登上市公告书。股票上市交易申请经证券交易所审核同意后，签订上市协议的公司应当在规定的期限内公告股票上市的有关文件，并将该文件置备于指定场所供公众查阅。签订上市协议的公司除公告前条规定的文件外，还应当公告下列事项：

（1）股票获准在证券交易所交易的日期；

（2）持有公司股份最多的前十名股东的名单和持股数额；

（3）公司的实际控制人；

（4）董事、监事、高级管理人员的姓名及其持有本公司股票和债券的情况。

6. 上市交易。在完成申请审批、签订协议、公告相关材料后正式让公司股票上市进行交易。

四、新股的发行

（一）新股发行条件

《证券法》第十三条规定：公司公开发行新股，应当符合下列条件：

（1）具备健全且运行良好的组织机构；

（2）具有持续盈利能力，财务状况良好；

（3）最近三年财务会计文件无虚假记载，无其他重大违法行为；

（4）经国务院批准的国务院证券监督管理机构规定的其他条件。

上市公司非公开发行新股，应当符合经国务院批准的国务院证券监督管理机构规定的条件，并报国务院证券监督管理机构核准。

（二）新股发行程序

1. 股东大会或董事会作出发行新股的决议。股份有限公司成立后，运行状况良好，需要扩大生产规模，股东大会或董事会根据实际需要再向社会筹集新的资金。《公司法》第一百三十四条规定：公司发行新股，依照公司章程的规定由股东大会或者董事会对下列事项作出决议：

（1）新股种类及数额；

（2）新股发行价格；

（3）新股发行的起止日期；

（4）向原有股东发行新股的种类及数额。

公司发行新股，可以根据公司经营情况和财务状况，确定其作价方案。

2. 新股发行申请。在公司作出新股发行决议后，向国务院或国务院授权的证券管理部门提出新股发行申请，提交以下文件：

（1）公司营业执照；

（2）公司章程；

（3）股东大会决议；

（4）招股说明书；

（5）财务会计报告；

（6）代收股款银行的名称及地址；

（7）承销机构名称及有关的协议。依照本法规定聘请保荐人的，还应当报送保荐人出具的发行保荐书。

3. 签订承销协议与代收股款协议。在获得国务院或国务院授权的证券管理部门批准后，必须签订两个协议，一是与证券公司签订承销协议，由证券公司代销或包销公司预发行的新股份。二是在银行开设账户，与银行签订协议，证券公司卖出的新股所收款项由银行收取。

4. 公告招股说明书和财务会计报告。公司经国务院证券监督管理机构核准公开发行新股时，为满足想购买新股份的股东的信息知情需求，必须向社会公开公告新股招股说明书和财务会计报告，并制作认股书，否则社会公众对公司没有信心。

5. 办理变更登记。根据《公司法》与公司登记管理相关规定，注册资本、法定代表人、公司住所等的变化，必须办理公司变更登记。公司发行新股募足股款后，因涉及实缴资本的变化，必须向公司登记机关办理变更登记，并公告。

五、股票的暂停与终止上市

（一）股票的暂停上市

股票暂停上市是指因法定事由的出现而暂时停止上市公司股票在证券交易场所交易。上市公司的股票在证券交易所交易必须符合一定的条件，当在某些情况下，股份有限公司的条件暂时不符合上市公司的条件时，证券交易所有权暂停其股票上市交易，以保障交易安全与社会的稳定。这些条件有：

1. 公司股本总额、股权分布等发生变化不再具备上市条件；

2. 公司不按照规定公开其财务状况，或者对财务会计报告作虚假记载，可能误导投资者；

3. 公司有重大违法行为；

4. 公司最近三年连续亏损；

5. 证券交易所上市规则规定的其他情形。

（二）股票的终止上市

《证券法》第五十六条规定：上市公司有下列情形之一的，由证券交易所决定终止其股票上市交易：

1. 公司股本总额、股权分布等发生变化不再具备上市条件，在证券交易所规定的期限内仍不能达到上市条件；

2. 公司不按照规定公开其财务状况，或者对财务会计报告作虚假记载，且拒绝纠正；

3. 公司最近三年连续亏损，在其后一个年度内未能恢复盈利；

4. 公司解散或者被宣告破产；

5. 证券交易所上市规则规定的其他情形。

按照上述规定，上市公司出现不符合法律规定的条件，由国务院证券管理部门决定终止其股票上市资格。所谓“终止股票上市”也就是取消股份有限公司的股票在证券交易所挂牌进行公开竞价交易的资格，这是对上市公司采取的最严厉的行政措施。

终止上市公司股票上市交易资格的法定原因可以分为：上市公司有上述第 1 项、第 2 项情形之一，即公司不按规定公开其财务状况，或者对财务会计报告作虚假记载，公司有重大违法行为，被暂停上市，经查实后果严重，或者有上述第 1 项公司股本总额、股权分布等发行变化不再具备上市条件或该条第3项公司最近三年连续亏损被暂停上市后，在限期内未能消除暂停上市的原因。这四项情形只要有一项存在，国务院证券管理部门就有权决定终止其股票上市。

依上述规定，公司决议解散、被行政主管部门依法责令关闭或者被宣告破产的，由国务院证券管理部门决定终止其股票上市。公司解散的原因主要有两大类：任意解散和强制解散。公司决议解散属于任意解散。依照本法的规定，有限责任公司、股份有限公司均由股东大会决议解散，国有独资的有限责任公司由董事会报国家授权投资的机构或者国家授权的部门决定解散。被行政主管部门依法责令关闭或者被宣告破产属于强制解散。不论是任意的解散还是强制的解散，其最终法律后果都是公司法人资格的消灭。既然公司已无存在的必要，国务院证券管理部门理所当然地应终止其股票上市资格。

第八章

中小股东权益保护制度

ZHONGXIAOGUDONG QUANYI BAOHU ZHIDU

公司股东权利行使的基本规则是一股一权和同股同利，因此在法理上公司所有股东均具有同等的法律地位，但由于资本多数决定原则的存在，使公司大股东和中小股东之间的关系出现了异化。大股东往往通过持股优势，制订有利于自身的公司章程，占据公司高管的位置，直接或间接操控了公司的生产经营活动，继而侵占本应属于中小股东的合法利益。我国旧《公司法》欠缺必要的制度设计，致使中小股东权益受到侵害后，基本是告诉无门，引起了受害人极大的不满，严重威胁到了公司立法宗旨和基本功能的实现。2005 年《公司法》为了重塑投资者的信心，维护公司管理的正常秩序，建立和完善了多项制度，赋予了中小股东多项重要权利：累计投票制、股东的查账权、公司决议的撤销权、股东代表诉讼（派生诉讼）、司法解散公司制度。

第一节　累积投票制

一、累积投票制的概念

累积投票制度，又称比例投票制，是指在股东（大）会选举董事或者监事时，股东所持的每一股份都拥有与股东（大）会拟选举的董事或者监事数量相等的投票权，股东既可以把全部投票权集中选举一人，亦可分散选举数人，最后按得票高低依次决定当选董事或监事的制度。累积投票制起源于美国，并在 20 世纪中后期的美国得到了重大发展。19 世纪 60 年代，美国伊利诺伊州报界披露了本州某些铁路经营者欺诈小股东的行为，该州遂于 1870 年在州宪法第三章第十一条规定，任何股东在法人公司选举董事或经理人的任何场合，均得亲自或通过代理人行使累积投票权，而且此类董事或经理不得以任何其他方式选举。随后，该州《公司法》第二十八条也规定了累积投票制度。

举例说明：某公司要选 5 名董事，公司股份共 1000 股，股东共 10 人，其中 1 名大股东持有 510 股，即拥有公司 51% 股份；其他 9 名股东共计持有 490 股，合计拥有公司 49% 的股份。若按直接投票制度，每一股有一个表决权，则控股 51% 的大股东就能够使自己推选的5名董事全部当选，其他股东毫无话语权。但若采取累积投票制，表决权的总数就成为1000×5=5000票，控股股东总计拥有的票数为2550票，其他9名股东合计拥有2450票。根据累积投票制，股东可以集中投票给一个或几个董事候选人，并按所得同意票数多少的排序确定当选董事，因此从理论上来说，其他股东至少可以使自己的2名董事当选，而控股比例超过半数的股东也最多只能选上3名自己的董事。（本案例来自百度百科）

二、我国的累积投票制度及存在的问题

20世纪90年代末期，监管部门将累积投票制度作为改进股东大会选举制度的一个最佳方案终被写进证监会出台的《上市公司治理准则》（2002年）中。《上市公司治理准则》在第二十一条规定："在董事的选举过程中，应充分反映中小股东的意见。股东大会在董事选举中应积极推行累积投票制度。控股股东控股比例在30%以上的上市公司，应当采用累积投票制。采用累积投票制度的上市公司应在公司章程里规定该制度的实施细则。"这是在我国法规文件中第一次明确提出了累积投票制的要求和治理准则。对该制度的表述来看，该准则总体上采取的是许可主义的政策思路，只是对控股股东持股超过30%的上市公司采取了强制主义的硬性规定。自《上市公司治理准则》在股份公司股权治理机制中引入累积投票制后，2005年《公司法》第一百零六条也确认了累积投票制："股东大会选举董事、监事，可以根据公司章程的规定或者股东大会的决议，实行累积投票制。本法所称累积投票制是指股东大会选举董事或者监事时，每一股份拥有与应选董事或者监事人数相同的表决权，股东拥有的表决权可以集中使用。"但我国累积投票制仅限于股份公司使用。

从累积投票制的实际运用来看，远未达到当初的立法设计目的。首先，累积投票制的适用是有先决条件的，当第一大股东或主要股东持有的股份过多的情况下，中小股东想通过累积投票制选出代表自己利益的董事或监事几乎是无法实现的任务，而且中小股东想要在选举中做到一致行动，也不是一件容易的事。

其次，从小股东的角度来看，由于小股东普遍存在着搭便车的心理，更多关注的是股票的投机收益，对公司事务保持"理性的冷漠"。当其权益面临大股东侵害时，小股东更多的是采取"用脚投票"的方式，而不是积极维权。这样的话，规定累积投票制便显得没有多大意义。

最后，在差额选举的情况下，累积投票制才能发挥效力，然而，我国上市公司在采用累积投票制选举董事时实行的往往是等额选举。由于拟选出的董事人数与提交股

东大会审议的候选人数相同，使累积投票制按照候选人得票多少的顺序而非具体得票数量来决定是否当选的设计失去了作用。

三、关于我国累积投票制度的完善建议

（一）完善我国公司董事、监事提名制度。实践中董事、监事候选人提名，一般由公司主要股东协商或控股股东提出，再交董事会讨论通过后提交股东大会审议。根据《上市公司股东大会规范意见》第十二条的规定，只有持股或者合并持股超过5%的股东才享有股东大会提案权。根据该规定小股东甚至连将代理人列入董事候选人名单的机会都没有，更遑论通过累积投票制来与大股东争夺公司高管席位了。因此，在酝酿董事候选人时，应当征求公司除第一大股东以外的前十大流通股股东的意见，将享有股东大会董事候选人提案权的股东资格由持股5%相应降至持股1%。

（二）公司董事、监事选举必须实行差额选举，并保证中小股东提名的代表不少于候选人的1/3。差额选举要求候选人数必须大于当选人数，也就是说选举中必须有人被淘汰，而且可以规定差额的比例（具体比例也可以由公司章程确定）。为保证中小股东投票的积极性，可以硬性规定，公司第一大股东或控股股东以外的股东提名的董事、监事候选人的人数不少于总候选人的1/3。有人认为过分强调累积投票制和选出能够代表中小股东的董事、监事不利于公司的运营，笔者认为选董事、监事是公司的大事，一般不会频繁更换的，适当增加一些成本，对于公司的长远发展是利大于弊的。

第二节　中小股东的查账权

一、股东查账权概述

股东作为公司所有权人之一，当然拥有了解公司真实经营情况的权利，公司的控股股东或主要股东凭借自己的持股优势，完全可以掌控公司的管理层，公司的账目就

是控股股东或主要股东及其代理人制作出来的。中小股东投资到一家公司主要希图投资获得收益，现实是控股股东或主要股东往往通过做假账，以公司亏损为理由，拒绝给股东分红，而他自己可以通过其他途径侵占公司利润。因此，股东查账权应当是中小股东的基本权利。虽然旧《公司法》也规定了查账权，中小股东仅查看公司财务报告是无法发现公司财务真相的，所以2005年《公司法》进一步拓展了股东的查账的范围。

我国自2005年修订《公司法》后第一起成功确认中小股东查账权的案例。1996年5月16日，朱女士出资25万元成为技术服务公司股东，并被选举为公司董事。在近10年的时间里，技术服务公司以经营亏损或持平为借口，不进行利润分配，朱女士作为公司股东，始终无法了解公司业务和财产状况，无法看到公司任何的财务会计资料。后朱女士诉至法院，要求查阅技术服务公司1996年至2006年的原始会计账簿。

二审法院认为，朱女士是技术服务公司的合法股东，依据公司章程和《公司法》的相关规定，朱女士作为股东不仅有权查阅、复制公司股东会议记录、财务会计报告，也可以查阅公司会计账簿。股东的上述知情权不能因其不在国内，未参与过公司的经营活动而被剥夺。据此，要求公司提供相关账簿供朱女士查阅。（股东拥有查账权被首次确认为2006年08月08日02:14《中华工商时报》）

二、股东行使查账权的条件

我国《公司法》第三十四条规定："股东有权查阅和复制公司章程、股东会会议记录、董事会会议决议、监事会会议决议和财务会计报告。股东可以要求查阅公司会计账簿。股东要求查阅公司会计账簿的，应当向公司提出书面请求，说明目的。公司有合理根据认为股东查阅会计账簿有不正当目的，可能损害公司合法利益的，可以拒绝提供查阅，并应当自股东提出书面请求之日起15日内书面答复股东并说明理由。公司拒绝提供查阅的，股东可以请求人民法院要求公司提供查阅。"《公司法》第一百六十六条规定："有限责任公司应当依照公司章程规定的期限将财务会计报告送交各股东。股份有限公司的财务会计报告应当在召开股东大会年会的20日前置备于本公司，供股东查阅；公开发行股票的股份有限公司必须公告其财务会计报告。"根据上述规定，股东行使查账权的条件为：

1. 股东行使查账权要出于正当的目的的

《公司法》在赋予股东查账权的同时，也要求股东查账要有正当的目的，至于什么是正当目的《公司法》未作出界定，应当属于法官自由裁量权的范围。人大法学院刘俊海教授认为“正当目的”通常有：调查公司的财务状况，调查股利分配政策的妥当性，调查股份的真实价值，调查公司管理层经营活动中的不法、不妥行为，调查董事的失职行为，调查股价下跌的原因，调查公司合并、分立或开展其他重组活动的必要性与可行性，调查股东提起代表诉讼的证据，消除在阅读公司财务会计报告中产生的疑点等。股东查账是否出于正当目的的举证责任应当在拒绝查账的公司。

2. 股东行使查账权要遵循法定的程序

依据《公司法》第三十四条规定，股东行使查账权的程序是：首先，股东应当向公司提出书面申请并说明查账目的，请求书中要叙明其查阅账簿的具体理由和目的；其次，公司对股东查账目的进行实质性审查，拒绝的理由限于股东查阅会计账簿有不正当目的，可能损害公司合法利益的情形，公司如拒绝应当在15日内答复并说明理由，或在此期间内向股东提供供查阅的会计账簿；最后，公司拒绝提供查阅的，股东可以请求人民法院要求公司提供查阅。

3. 查账权的行使不得侵害公司利益

法律赋予股东查账权的目的，是为了保护中小股东的合法权益不受侵害，同时也是为了促进公司规范运行。如果股东滥用查账权，意在刺探公司商业秘密，并泄露给公司的竞争对手，公司有权拒绝股东查阅会计账簿。所以，查账权的行使只能出于维护股东合法权益的目的，不能损害公司的合法权益。

4. 查账权的范围应当包括原始会计凭证

《公司法》规定股东可以要求查阅公司会计账簿，会计账簿的范围是否包括原始凭证目前存在着争议，笔者认为如果只让股东看会计报表、计账凭证，而不让股东具体看这些会计资料赖以存在的基础——原始凭证，实践已经证明是不能满足股东的知情权，无法实现查账的目的的。

第三节　公司决议的撤销权

一、公司决议撤销权概述

公司决议是指公司依照法定或章程规定的程序，对有关公司成立、运营、变更和终止的大小事项所作出的决定，包括股东会（股东大会）和董事会决议。所谓撤销权，是权利人以单方意思表示消灭民事法律关系效力的一种权利，而股东请求法院撤销股东会决议或者确认决议无效，目的就是使原决议中确认的法律关系归于消灭。《公司法》上决议的撤销是以股东大会的程序（会议召集和决议方法）以及决议内容存在瑕疵为前提的。

我国《公司法》第二十二条规定："公司股东会或者股东大会、董事会的决议内容违反法律、行政法规的无效。股东会或者股东大会、董事会的会议召集程序、表决方式违反法律、行政法规或者公司章程，或者决议内容违反公司章程的，股东可以自决议作出之日起60日内，请求人民法院撤销。"这是股东行使公司决议撤销权的主要依据。

二、股东行使撤销权的程序

（一）公司决议有瑕疵的情形

1. 公司决议内容违法。公司股东会或者股东大会、董事会的决议内容违反法律、行政法规的无效。根据《民法》的规定，某种行为无效的法律后果是：确定无效、自始无效、始终无效。

2. 决议程序违法或决议内容违反公司章程约定。股东会或者股东大会、董事会的会议召集程序、表决方式违反法律、行政法规或者公司章程，或者决议内容违反公司章程的，股东可以自决议作出之日起60日内，请求人民法院撤销。法院撤销以后，其法律效果等同无效。

（二）股东行使撤销权的程序

1. 股东向法院提起诉讼。按照我国民事诉讼的要求，股东提出宣告无效或撤销决议的请求的同时，提交相应的证据。

2. 法院依法裁判。法院经过审理后，发现公司决议内容违法或程序违法时，依法宣告公司决议无效或撤销决议。

3. 公司可以要求申请股东提供担保。为了避免股东的恶意诉讼，公司可以申请人民法院，要求原告股东提供相应的担保。

4. 撤销或变更登记。公司根据股东会或者股东大会、董事会决议已办理变更登记的，人民法院宣告该决议无效或者撤销该决议后，公司应当向公司登记机关申请撤销变更登记。

第四节　股东派生诉讼

一、股东派生诉讼概述

股东派生诉讼，又称股东代表诉讼，是指公司高管或第三人侵害公司合法权益，而公司董事会、监事会置之不理的情况下，股东有权以自己名义提起诉讼，要求侵害公司权益的高管承担责任的诉讼制度。公司的权益受到侵害时，应当由公司提起请求，公司股东所提起的诉讼实质上是代替公司行使诉权，股东的诉权乃是派生于公司的诉权，故称“派生诉讼”。

我国《公司法》第一百五十二条规定：“董事、高级管理人员有本法第一百五十条规定的情形的，有限责任公司的股东、股份有限公司连续 180 日以上单独或者合计持有公司 1% 以上股份的股东，可以书面请求监事会或者不设监事会的有限责任公司的监事向人民法院提起诉讼；监事有本法第一百五十条规定的情形的，前述股东可以书面请求董事会或者不设董事会的有限责任公司的执行董事向人民法院提起诉讼。监事会、不设监事会的有限责任公司的监事，或者董事会、执行董事收到前款规定的股东书面请求后拒绝提起诉讼，或者自收到请求之日起30日内未提起诉讼，或者情况紧急、不立即提起诉讼将会使公司利益受到难以弥补的损害的，前款规定的股东有权为了公司的利益以自己的名义直接向人民法院提起诉讼。他人侵犯公司合法权益，给公司造成损失的，本条第一款规定的股东可以依照前两款的规定向人民法院提起诉讼。”

我国《公司法》第一百五十条的规定是：“董事、监事、高级管理人员执行公司职务时违反法律、行政法规或者公司章程的规定，给公司造成损失的，应当承担赔偿责任。”

二、股东派生诉讼的程序

1. 股东派生诉讼的原告

作为原告的股东在提起和进行派生诉讼时必须始终具有股东身份。我国《公司法》第一百五十二条就起诉股东资格作了限制：有限责任公司的股东、股份有限公司连续180日以上，单独或合计持有公司1%以上股份的股东。这一规定确保提起诉讼的原告具有一定的代表性，一定程度上避免恶意诉讼，扰乱公司正常经营秩序。《公司法》司法解释（一）第四条进一步明确：“《公司法》第一百五十二条规定的180日以上连续持股期间，应为股东向人民法院提起诉讼时，已期满的持股时间；规定的合计持有公司1%以上股份，是指两个以上股东持股份额的合计。”

2. 股东派生诉讼的被告

派生诉讼中被告的范围，主要有两种立法模式。一种为自由式，如美国，法律不限制被告的范围，由原告决定。另一种为限制式，如日本将被告限制为：公司董事、监事、发起人和清算人，以及就行使决议权而接受公司所提供利益的股东和用明显极为不公正的发行价格认购股份者。我国《公司法》第一百五十二条的规定属于限制式，“有本法第一百五十条规定情形的董事、监事、高级管理人员和侵犯公司合法权益，给公司造成损失的他人”为股东派生诉讼中的被告。

《公司法》司法解释（四）（征求意见稿）区分了被告的不同情形，第四十九条规定：“股东依据《公司法》第一百五十二条之规定提起的股东代表诉讼案件，主张公司董事、高级管理人员给公司造成损失应承担赔偿责任的，应列公司董事、高级管理人员为被告；主张他人侵犯公司合法权益的，应列他人为被告；主张公司董事、高级管理人员与他人共同侵犯公司合法权益的，应列公司董事、高级管理人员与他人为共同被告。”

《公司法》第五十条规定：“人民法院受理股东代表诉讼案件后，应通知公司以第三人身份参加诉讼。被告反诉的，应列公司为反诉被告，但公司的诉讼权利由原告股东行使。公司以与股东代表诉讼相同事实和理由重新起诉的，人民法院应不予受理。”

3. 股东派生诉讼的前置程序

我国《公司法》第一百五十二条规定，股东提起派生诉讼必须经过以下前置程序：第一，书面请求监事会或者不设监事会的有限责任公司的监事向人民法院提起诉讼；如果是因为监事的违法或越权行为需要提起派生诉讼的，可以书面请求董事会或者不设董事会的有限责任公司的执行董事向人民法院提起诉讼。第二，监事会、不设监事会的有限责任公司的监事或者董事会、执行董事收到股东的书面请求后拒绝提起诉讼；或者自收到请求之日起30日内未提起诉讼的。第三，情况紧急，不立即提起诉讼将会使公司利益受到难以弥补的损失的。

三、股东派生诉讼的法律后果

1. 原告胜诉，胜诉赔偿金归公司所有。在股东派生诉讼中，股东是为公司利益而提起诉讼，这种利他性决定了股东通过派生诉讼取得的赔偿金是归公司而不是给原告。

2. 胜诉情况下，原告有权获得合理费用补偿。这个问题《公司法》没有作出规定，当从激励机制的角度来看，应当给予起诉的股东一定的补偿，《公司法》司法解释（四）（征求意见稿）第五十五条对此有了新的意见：“原告提起的股东代表诉讼，其诉讼请求成立的，人民法院应当判令被告直接向公司承担民事责任，并可依据原告股东的请求，判令公司对于原告参加诉讼支付的合理费用予以补偿。”

3. 被告胜诉，提起诉讼的是股东，而不是公司，要对被告的损失进行赔偿。《公司法》司法解释（四）（征求意见稿）第五十三条规定：“人民法院审理股东代表诉讼案件，公司董事、监事或者高级管理人员在答辩期间提供证据证明原告可能存在恶意诉讼情形，并请求原告提供诉讼费用担保并予以赔偿的，人民法院应予准许。诉讼费用担保的具体数额应相当于被告董事、监事或者高级管理人员参加诉讼可能发生的合理费用。人民法院判决原告股东败诉的，应同时判决原告提供的诉讼费用担保向被告董事、监事或者高级管理人员支付。”

第五节　公司司法解散制度

一、公司司法解散制度概述

公司司法解散制度是指当公司因股东或高管之间的矛盾陷入僵局，经营发生严重困难，穷尽其他救济手段仍无法挽回局面时，持有公司一定比例股份的股东，可以请求法院解散公司的制度。

公司司法解散制度的前身是由英国衡平法院创设的“公正合理清盘令”制度，这一点为学者普遍所接受。根据该制度，当小股东在不能忍受大股东的各种不公平欺压行为时可以直接向法庭申请颁发“清盘令”解散公司，以结束公司的生命并依据投资比例分配公司的剩余财产。此后，美国、日本、德国等国家在立法中相继效仿。①

我国《公司法》第一百八十三条规定，是司法解散的主要依据：“公司经营管理发生严重困难，继续存续会使股东利益受到重大损失，通过其他途径不能解决的，持有公司全部股东表决权百分之十以上的股东，可以请求人民法院解散公司。”

《公司法》司法解释第一条进一步明确了解散事由：“单独或者合计持有公司全部股东表决权 10% 以上的股东，以下列事由之一提起解散公司诉讼，并符合《公司法》第一百八十三条规定的，人民法院应予受理：（一）公司持续两年以上无法召开股东会或者股东大会，公司经营管理发生严重困难的；（二）股东表决时无法达到法定或者公司章程规定的比例，持续两年以上不能作出有效的股东会或者股东大会决议，公司经营管理发生严重困难的；（三）公司董事长期冲突，且无法通过股东会或者股东大会解决，公司经营管理发生严重困难的；（四）经营管理发生其他严重困难，公司继续存续会使股东利益受到重大损失的情形。股东以知情权、利润分配请求权等权益受到损害，或者公司亏损、财产不足以偿还全部债务，以及公司被吊销企业法人营业执照未进行清算等为由，提起解散公司诉讼的，人民法院不予受理。”

---

① 郑瑞平. 论我国公司司法解散制度的构建. 人民论坛 ，2010 年第 20 期.

二、公司解散诉讼程序

1. 公司解散诉讼当事人。《公司法》司法解释（二）第四条："股东提起解散公司诉讼应当以公司为被告。原告以其他股东为被告一并提起诉讼的，人民法院应当告知原告将其他股东变更为第三人；原告坚持不予变更的，人民法院应当驳回原告对其他股东的起诉。原告提起解散公司诉讼应当告知其他股东，或者由人民法院通知其参加诉讼。其他股东或者有关利害关系人申请以共同原告或者第三人身份参加诉讼的，人民法院应予准许。"

2. 公司解散诉讼的管辖。《公司法》司法解释（二）第二十四条："解散公司诉讼案件和公司清算案件由公司住所地人民法院管辖。公司住所地是指公司主要办事机构所在地。公司办事机构所在地不明确的，由其注册地人民法院管辖。基层人民法院管辖县、县级市或者区的公司登记机关核准登记公司的解散诉讼案件和公司清算案件；中级人民法院管辖地区、地级市以上的公司登记机关核准登记公司的解散诉讼案件和公司清算案件。"

3. 公司解散诉讼中的调解。《公司法》司法解释（二）第五条："人民法院审理解散公司诉讼案件，应当注重调解。当事人协商同意由公司或者股东收购股份，或者以减资等方式使公司存续，且不违反法律、行政法规强制性规定的，人民法院应予支持。当事人不能协商一致使公司存续的，人民法院应当及时判决。经人民法院调解公司收购原告股份的，公司应当自调解书生效之日起6个月内将股份转让或者注销。股份转让或者注销之前，原告不得以公司收购其股份为由对抗公司债权人。"

4. 公司解散诉讼中的两个具体问题。首先公司解散诉讼中，不允许股东申请公司清算。《公司法》司法解释（二）第二条："股东提起解散公司诉讼，同时又申请人民法院对公司进行清算的，人民法院对其提出的清算申请不予受理。人民法院可以告知原告，在人民法院判决解散公司后，依据《公司法》第一百八十四条和本规定第七条的规定，自行组织清算或者另行申请人民法院对公司进行清算。"其次股东可以申请财产保全或证据保全。《公司法》司法解释（二）第三条："股东提起解散公司诉讼时，向人民法院申请财产保全或者证据保全的，在股东提供担保且不影响公司正常经营的情形下，人民法院可予以保全。"

5. 公司解散判决的效力。法院作出的解散公司诉讼的判决，对公司全体股东具有法律约束力。《公司法》司法解释（二）第六条："人民法院关于解散公司诉讼作出的判决，对公司全体股东具有法律约束力。人民法院判决驳回解散公司诉讼请求后，提起该诉讼的股东或者其他股东又以同一事实和理由提起解散公司诉讼的，人民法院不予受理。"

第九章

财务会计

CAIWU KUAIJI

第一节　公司财务会计制度概述

一、公司财务会计制度的概念及其作用

公司财务会计制度是指由法律法规和公司章程所确立的公司财务、会计的处理规则，它包括公司财务制度和会计制度。公司财务制度是指有关公司的资金筹集、使用和分配的规则。公司会计制度是对公司经营业务和相关活动进行会计核算，实行会计监督的规则。我国《公司法》以专章的形式对公司财务会计制度进行了规范。公司财务会计报告对规范公司的生产经营活动，保护债权人、股东的合法权益有着不可替代的重要作用，这是因为现代公司所有权与经营权的普遍分离，以及公司要在资本市场上向陌生人进行募资，这在客观上就要求公司应向现实和潜在的投资者、债权人或其他公司信息使用者提供公司的财务信息，以便他们作出合理的决策，公司提供财务信息最基本的方式就是财务报告。

（一）规范公司的生产经营活动，保障公司的健康发展。现代企业的财务会计制度是建立在长期经验总结和科学分析论证的基础上的，它有助于股东了解公司的真实运行情况，为公司未来发展规划提供准确的数据，同时能够很好地整合公司资源，规范公司投资理财计划，从而使公司的资本更好地保值和增值。

（二）保护股东和公司债权人的合法利益。在现代公司制度中，两权分离的情况非常普遍，为了保障不参与公司经营活动的股东的合法利益不受侵害，建立统一、规范、科学的财务会计制度就显得尤为重要。公司债权人通过公开的、准确的公司财务会计报告，可以及时了解公司的真实财产和经营状况，从而在一定程度上可以规避自己的经营、投资风险。

（三）有助于划清公司管理者的经营责任，考核其经营业绩。股份有限公司的“两权分离”引发代理成本问题。为保证公司管理者忠实于公司，尽到妥善管理和运用的义务，就必须对其经营能力、经营业绩进行考核。公司财务会计制度可以反映公司的财务状况、获利能力、盈利情况，因此可以有效评价公司管理人员的工作能力、

勤勉程度，为今后的委托代理关系打下基础。

（四）有助于国家的宏观调控，维护社会经济秩序。规范、统一、真实的财务会计制度可以发现国民经济运行的真实情况和存在问题，因此是国家制定宏观调控政策所需信息的重要渠道。相反，一个建立在想当然基础上的政策可能会给国民经济带来重大的损害。同时政府主管部门可以根据财务报告提供的财务信息，对公司进行检查监督。所以，规范、统一、真实的公司财务会计制度能够帮助国家制定出符合实际需求的宏观调控政策，从而有助于整个社会经济的良好运行。

二、公司财务制度

公司财务管理实质上是对公司各种形态资产的专业管理。其基本任务和方法是做好各项财务收支的计划、控制、核算、分析和考核工作，依法合理筹集资金，有效利用公司各项资产。其具体内容包括如下几个方面：

（一）资金筹集管理

筹资是指公司根据经营活动、对外投资的需要，从各种渠道有效地筹措和集中资金的财务活动。按照资金筹集的来源及是否需要偿还为标准，公司资金筹集管理包括资本管理和负债管理两部分。对公司资本管理的内容主要有：规范投资者的投资形式和方式；对超额出资部分财产的管理，保障公司财产的合理归位和稳定存续。对公司负债是按长期负债和流动负债分类管理的。长期负债是指偿还期限在 1 年或者超过 1 年的一个营业周期以上的债务，包括长期借款、应付长期债券、长期应付款等。长期负债的应计利息支出，筹建期间的，计入开办费；生产经营期间的，计入财务费用；清算期间的，计入清算损益。流动负债是指可以在 1 年内或者超过 1 年的一个营业周期内偿还的债务，包括短期借款、应付短期债券、预提费用、应付及预付款项等。流动负债的应计利息支出，计入财务费用。

（二）流动资产管理

流动资产是指可以在 1 年内或者超过 1 年的一个营业周期内变现或者运用的资产，包括现金、短期投资、存货、应收款及预付款项等。流动资产反映了公司的短期偿债能力，同时又为下一期经营时所运用。公司应当设置现金和银行存款日记账，并按业务发生顺序全面如实记载。短期投资是指企业能够随时变现，并且持有时间不超过一年的投资，包括股票、债券和基金等。存货是企业在生产经营过程中为销售或生产耗用而储存的各类物资。其进行管理应注意：第一是对存货的成本进行科学的计算。第二是明确发出存货的计价方法。第三是做好存货资金的定额管理工作。流动资产管理要遵循如下的原则：建立健全流动资产的内部管理制度，正确预测流动资产的需要量，及时、合理地筹集和供应流动资产所需要的资金，保持企业的偿还债务的能力。

（三）固定资产管理

固定资产是指使用期限超过1年，单位价值较高，并且在使用过程中保持原有物质形态的资产，包括房屋及其他建筑物、机器设备、运输工具以及单位价值在2000元以上，并且平均使用年限超过两年的，不属于生产经营主要设备的物品等。对固定资产的管理包括：固定资产变价收入扣除清理费用后的净收入与其账目净值的差额，以及固定资产盘盈、盘亏，计入当期损益；固定资产修理费用，计入当期成本费用；公司按照国家规定选择具体的折旧方法和确定加速折旧幅度。

（四）无形资产、递延资产和其他资产的管理

无形资产是指能够给公司带来效益，不存在实物形态但要依附于物质形态才能存在的非货币性长期资产，包括专利权、商标权、商誉、非专利技术等。无形资产从开始使用之日起，按照规定期限分期摊销，没有规定期限的，按照预计使用期限或者不少于10年的期限分期摊销。递延资产是指不能全部计入当年损益，应当在以后年度内分期摊销的各项费用，包括开办费、租入固定资产的改良支出等。开办费自投产营业之日起，按照不短于5年的期限分期摊销。

（五）转投资管理

转投资也称对外投资，是指公司以现金、实物、无形资产或者有价证券方式向其他单位的投资，包括短期投资和长期投资。短期投资是能够随时变现、持有时间不超过一年的有价证券以及不超过一年的其他投资。长期投资是指不准备随时变现、持有时间在一年以上的有价证券以及超过一年的其他投资。

（六）成本和费用管理

公司为生产商品和提供劳务而发生的各项直接和间接的支出或费用都将计入生产经营成本。但公司下列支出，不得列入成本、费用：为购置和建造固定资产、购入无形资产和其他资产的支出对外投资的支出被没收的财物；各项罚款、赞助、捐赠支出；在公积金中开支的支出以及国家规定不得列入成本、费用的其他支出。

（七）营业收入、利润及其分配管理

营业收入是指公司在生产经营活动中，由于销售商品、提供劳务等取得的各项收入，包括主营业务收入和其他业务收入。利润分配管理要遵循以下原则：正确处理利润分配和资本积累的关系；同股同权，同股同利；无利不分，多利多分。

三、公司会计制度

（一）会计核算

会计核算是公司会计的核心内容，是以货币价值为基本计量单位，对公司经营事务进行连续、系统、全面记录和计算并编制相关报表的公司内部管理活动。①

1. 会计核算的范围

下列业务事项，应当进行会计核算：款项和有价证券的收付，财物的收发、增减和使用，债权债务的发生和结算，资本、基金的增减，收入、支出、费用、成本的计算；财务成果的计算和处理；需要办理会计手续、进行会计核算的其他事项。公司对应当进行会计核算的事项，应当填制会计凭证，登记会计账簿，编制财务会计报告。使用电脑进行会计核算的，其软件及其生成的会计凭证、会计账簿、财务会计报告和其他会计资料，也必须符合国家统一的会计制度的规定。

2. 会计凭证

会计凭证包括原始凭证和记账凭证。原始凭证记载的各项内容均不得涂改，原始凭证有错误的，应当由出具单位重开或者更正，更正处应当加盖出具单位印章。原始凭证金额有错误的，应当由出具单位重开，不得在原始凭证上更正。记账凭证是根据经过审核的原始凭证及有关资料编制的。

3. 会计账簿

会计账簿登记必须以经过审核的会计凭证为依据，并符合会计制度的规定。会计账簿包括总账、明细账、日记账和其他辅助性账簿。会计账簿应当按照连续编号的页码顺序登记。

4. 财务会计报告

有关财务会计报告的构成详见本章下一节的内容。

5. 公司会计的禁止性规范

公司进行会计核算不得有下列行为：（1）随意改变资产、负债、所有者权益的确认标准或者计量方法，虚列、多列、不列或者少列资产、负债、所有者权益；（2）虚列或者隐瞒收入，推迟或者提前确认收入；（3）随意改变费用、成本的确认标准或者计量方法，虚列、多列、不列或者少列费用、成本；（4）随意调整利润的计算、分配方法，虚列虚假利润或者隐瞒利润；（5）违反国家统一的会计制度规定的其他行为。

---

① 沈贵明．公司法学（第二版）．法律出版社，2003.

（二）会计监督

公司内部会计监督制度的基本要求是：第一，记账人员与经济业务事项和会计事项的审批人员、经办人员、财物保管人员的职责权限应当明确，并相互分离、相互制约；第二，重大对外投资、资产处置、资金调度和其他重要经济业务事项的决策和执行的相互监督、相互制约程序应当明确；第三，财产清查的范围、期限和组织程序应当明确；第四，对会计资料定期进行内部审计的办法和程序应当明确。

（三）会计机构和会计人员

公司根据会计业务的需要，设置会计机构，或者在有关机构中设置会计人员并指定会计主管人员；不具备设置条件的，应当委托经批准设立从事会计代理记账业务的中介机构代理记账。国有独资公司和国有资产占控股地位的公司必须设置总会计师。总会计师的任职资格、任免程序、职责权限由国务院规定。公司的出纳人员不得兼任稽核、会计档案保管和收入、支出、费用、债权债务账目的登记工作。公司会计工作的人员，应当具备相应的会计从业资格。会计机构负责人或会计主管人员，应当具备会计师以上专业技术职务资格或者从事会计工作 3 年以上经历。

第二节　财务会计报告

一、财务会计报告的内容

在没有最新规定的情况下，我们依然要应用《企业财务通则》的规定，《企业财务通则》第四十一条规定：“财务报告是反映企业财务状况和经营成果的总结性书面文件，包括资产负债表、损益表、财务状态变动表（现金流量表）、有关附表以及财务情况说明书。”《企业财务会计报告条例》第七条规定：“年度、半年度财务会计报告应当包括：（1）会计报表；（2）会计报表附注；（3）财务情况说明书。会计报表应当包括资产负债表、利润表、现金流量表及相关附表。”

（一）资产负债表

1. 资产负债表的概念和作用

资产负债表是记载企业在某一特定时日（年末、季末、月末）资产、负债和所有者权益状况及其相互关系，反映企业某一特定日期财务状况的会计报表，又称财务状况表。资产负债表是静态报表，反映企业在报告期末瞬间的情况。资产负债表是目前国际上通行的会计报表。

资产负债表可以提供以下信息：

第一，资产负债表反映公司所掌握的资源总额及资源的分布与结构。资产负债表可以提供某一日期资产的总额，表面企业拥有或控制的经济资源及其分布情况，是了解企业资产规模、分析企业生产经营能力的重要资料。

第二，资产负债表可以反映公司的财务弹性。财务弹性是指公司应付、适应各种变化的能力。公司财务弹性主要取决于以下几个方面：首先，是资产的流动性或变现能力；其次，公司经营留入现金能力；再次，向投资者和债权人筹措资金的能力；最后，在不影响正常经营前提下变卖现有资产取得现金的能力。

第三，资产负债表反映所有者权益的情况。资产负债表可以表现投资者在企业资产中所占的份额，反映所有者权益的结构情况。

第四，资产负债表能够提供进行财务分析的基本资料，据以计算出各种财务指标。

资产负债表有助于使用者分析和评价企业偿债能力和资本结构。

首先，有助于分析评价企业的短期偿债能力。短期偿债能力是指企业偿还短期债务的能力。短期偿债能力主要表现为企业资产和负债的流动性。资产的流动性是指资产的变现能力，即资产转化为现金的能力。负债的流动性是指负债到期的时间长短。资产负债表中有关流动资产和流动负债的信息，有助于分析和评价企业的短期偿债能力。其次，有助于分析评价企业的长期偿债能力和资本结构。长期偿债能力是指企业偿还全部债务本金和利息的能力。长期偿债能力取决于企业的资本结构和获利能力。资本结构是指企业权益总额中负债与所有者权益的相对比例，负债的比例越大，企业偿债压力越大，长期偿债能力也就越弱。资产负债表中有关负债和所有者权益的信息，有助于分析和评价企业的长期偿债能力和资本结构。

2. 资产负债表的内容

资产负债表以“资产 = 负债 + 所有者权益”这一基本会计等式为基础设计，按照资产、负债和所有者权益分项列出，资产、负债和所有者权益构成了资产负债表的基本内容。

（1）资产

资产是指过去的交易、事项形成并由企业拥有或者控制的资源，该资源会给企业带来经济利益。在资产负债表上，资产应当按照其流动性分类分项列示，包括流动资产、长期投资、固定资产、无形资产及其他资产。银行、保险公司和非银行金融机构的各项资产有特殊性的，按照其性质分类分项列示。

流动资产是指可以在一年内或者超过一年的一个营业周期内变现或者运用的资产，包括现金及各种存款、存货、应收款及预付款等。

长期投资是指不准备随时变现、持有时间在一年以上的有价证券以及超过一年的其他投资。长期投资是企业对外投资的一部分。对外投资是指企业以现金、实物、无形资产或者购买股票、债券等方式向其他单位的投资，包括短期投资和长期投资。

固定资产是指使用周期超过一年，单位价值在规定标准以上，并且在使用过程中保持原有物质形态的资产，包括房屋及建筑物、机器设备、运输设备、工具器具等。

无形资产是指企业长期使用但没有实物形态的资产，包括专利权、商标权、土地使用权、非专利技术、商誉等。

其他资产包括递延资产和特准储备物资等。递延资产是指不能全部计入当年损益，应当在以后年度内分期摊销的各项费用，包括开办费、租入固定资产的改良支出等。

（2）负债

负债是指过去的交易、事项形成的现时义务，履行该义务预期会导致经济利益流出企业。在资产负债表上，负债应当按照其流动性分类分项列示，包括流动负债、长期负债等。银行、保险公司和非银行金融机构的各项负债有特殊性的，按照其性质分类分项列示。

流动负债是指要求在一年内或一个营业周期内偿还的债务，包括短期借款、应付账款、应付票据、预收账款、应付工资、应付福利费、应付利润、应付税金、其他应付款、预提费用等。

长期负债是指要求在一年或超过一年的一个营业周期以后偿还的债务，包括长期借款、应付债券和长期应付款等。

（3）所有者权益

所有者权益是指所有者在企业资产中享有的资产利益，其金额为资产减去负债后的余额。

在资产负债表上，所有者权益应当按照实收资本、资本公积、盈余公积、未分配利润等项目分项列示。实收资本是指公司所有股东按照公司章程规定实际缴纳的出资总额。未分配利润是指企业实现的净利润在提取公积金和向投资者分配利润后存留在企业的、历年结存的利润。

(二)利润表

1. 利润表的概念和作用

利润表，又称损益表、收益表，是记载企业在一定时期内的收入和费用，反映企业在一定会计期间经营成果的财务报表。利润表是动态报表，反映了企业在某一时间内的累计经营成果。

企业的经营成果通常表现为企业在一定时期内取得的利润（或亏损），利润或亏损等于收入减去费用后的差额，是企业经济效益的综合体现。利润表以权责发生制原则和配比原则为基础编制，列示了企业在一定会计期间内取得的收入和支出的费用，并通过计算确定企业的净利润（或亏损）。利润表具有以下作用：

第一，评价公司的经营成果和获利能力。公司的经营成果和获利能力都与利润多少有点关系。从利润表中可以了解公司当期的经营成果，将利润表与资产负债表等会计资料联系起来，可以评价公司的获利能力。

第二，预测公司未来的现金流量。利润是公司从内部获取现金流入的主要来源，企业未来的现金流量与企业目前的获利能力有密切关系，根据以往的利润水平，可以预测公司未来的现金流量。

第三，提供评价公司经营者工作业绩和工作能力的信息。股东投资设立公司的目的就是要营利，利润率越高，公司股东的收益就越大，所以衡量一个公司经营者经营能力的高低的基本途径就是看当期公司获得利润的多少。

2. 利润表的内容

利润表是按照“收入－费用＝利润”的会计等式设计，收入、费用和利润构成了利润表的基本内容。

(1) 收入

收入是指公司在销售商品、提供劳务及让渡资产使用权等日常活动中所形成的经济利益的总和。收入分为经营性和非经营性收入。经营性收入又分为主营业务收入和其他业务收入两大类。主营业务收入是公司从主要生产经营活动中取得的收入，其他收入是公司非主要生产经营活动产生的收入。非经营性收入是指公司在正常生产经营活动之外得到的收入，如处置固定资产的收益等，我国会计实务中称为营业外收入。营业外收入与企业经营活动无关，属于意外或偶然所得。

(2) 费用

费用是指公司为销售商品、提供劳务等日常活动所发生的经济利益的支出。费用分为经营性费用和非经营性损失。经营性费用又分为主营业务费用和其他业务费用、营业费用、管理费用、财务费用。主营业务费用与主营业务收入相对应，包括主营业务成本和主营业务税金及附加。其他业务费用与其他业务收入相对应，包括为取得其他业务收入而发生的相关成本费用和税金。营业费用是指公司销售商品中发生的费用，管理费用是企业为管理和组织生产经营活动所发生的费用，财务费用是公司筹集资金中发生的费用。非经营性损失包括自然灾害损失、处置固定资产净损失、赔款、捐赠支出等。

（3）利润

利润是公司在一定会计期间的经营成果。在利润表中，利润是按照主营业务利润、营业利润、利润总额、净利润等分类列出。

（三）现金流量表

1. 现金流量表的概念和作用

现金流量表是反映公司在一定会计期间现金流入和流出信息的报表。现金流量表具有如下作用：

第一，判断公司的偿债能力及支付能力和周转能力，并预测公司未来的现金流量。

第二，可以提高会计信息的可比性和真实性。

第三，反映企业现金来源与去向，以便合理调度资金。

2. 现金流量表的内容

（1）经营活动产生的现金流量。在经营活动现金流量中，以现金流入量减去现金支出量，其余额为经营活动中产生的现金流量净额，正数为净流入量，负值为净流出量。

（2）投资活动产生的现金流量。投资活动是公司长期资产的购建和不包括在现金等价物范围内的投资及其处置活动。

（3）筹资活动产生的现金流量。筹资活动是导致公司资本及债务规模和构成发生变化的活动。

（四）会计报表附注

会计报表附注是为便于会计报表使用者理解会计报表的内容而对会计报表所提供的信息所作的补充说明。会计报表附注主要对会计报表不能包括的内容，或者披露不够详尽的内容作解释和说明。

会计报表附注至少包括以下内容：（1）不符合基本会计假设的说明；（2）重要会计政策和会计估计及其变更情况、变更原因及其对财务状况和经营成果的影响；（3）或有事项和资产负债表日后事项的说明；（4）关联方公司及其交易的说明；（5）重要资产转让及其出售情况；（6）公司合并、分立；（7）重大投资、融资活动；（8）会计报表中重要项目的明细资料；（9）有助于理解和分析会计报表需要说明的其他事项。

（五）财务情况说明书

财务情况说明书是对公司资产负债表、利润表、现金流量表等财务会计报表所列示资料以及其他对公司财务状况有重大影响的事项作出的必要或进一步说明。财务情况说明书至少应包括以下内容：（1）公司生产经营的基本情况；（2）利润实现和分配情况；（3）资金增减和周转情况；（4）财务收支和税金缴纳情况；（5）各项财产物资变动的情况；（6）对公司财务状况、经营成果有重大影响的其他事项。

二、财务会计报告的编制

（一）财务会计报告编制的要求和基本制度

公司应当根据真实的交易活动和业务事项以及完整、准确的会计原始记录等资料，严格按照国家统一的会计制度规定的编制基础、编制依据、编制原则和方法，制作财务会计报告。公司应当于年度终了时编报年度财务会计报告，半年度、季度和月度财务会计报告按国家有关规定的时间要求编制。公司应当依照国家统一的会计制度规定，对会计报表中各项会计要素进行合理的确认和计量。公司应当按财务制度规定的结账日进行结账，年度结账日为每年的 12 月 31 日；半年度、季度、月度结账日分别为年度每半年、每季、每月的最后一天。

（二）公司在编制年度财务会计报告前，应当全面清查资产、核实债务，查明财产物资的实存数量与账面数量是否一致，各项结算款项的拖欠情况及其原因，材料物资的实际储备情况、各项投资是否达到预期目的、固定资产的使用情况及其处理办法向公司的董事会或者相应机构报告，并根据国家统一的会计制度的规定进行相应的会计处理。

公司在编制财务会计报告前，还应当完成下列工作：第一，核对各会计账簿记录与会计凭证的内容、金额等是否一致，记账方向是否相符；第二，依照本条例规定的结账方式进行结账，结出有关会计账簿的余额和发生额，并核对各会计账簿之间的余额；第三，检查相关的会计核算是否按照国家统一的会计制度的规定进行；第四，对于国家统一的会计制度没有规定统一核算方法的交易、事项，检查其是否按照会计核算的一般原则进行确认和计量以及相关账务处理是否合理；第五，检查是否存在因会计差错、会计政策变更等原因需要调整前期或者本期相关项目。在进行上述工作中发现问题的，应当按照国家统一的会计制度的规定进行处理。

三、公司应当按照会计制度规定的会计报表格式和内容，根据登记完整、核对无误的会计账簿记录和其他有关资料编制会计报表，做到内容完整，数字真实，计算准确，不得漏报或者任意取舍。会计报表之间、会计报表各项目之间，凡有对应关系的数字，应当相互一致；会计报表中本期与上期的有关数字应当相互衔接。会计报表附注和财务情况说明书应当按照国家统一的会计制度的规定，对会计报表中需要说明的事项作出真实、完整、清楚的说明。

公司的财务会计报告应当装订成册，在封面上应当注明：公司名称、公司统一代码、组织形式、地址、报表所属年度或者月份、报出日期，并由公司负责人和主管会计工作的负责人、会计机构负责人签名并盖章；设置总会计师的，总会计师应签名并盖章。财务会计报告应当加盖公司印章。

三、财务会计报告的提供和公开

公司应当依照会计制度有关期限的规定，及时提供和公开财务会计报告，并保证其真实性和完整性。

有限责任公司应当按照公司章程规定的期限将财务会计报告送交各股东。股份有限公司的财务会计报告应当在召开股东大会年会的 20 日前备置于本公司，供股东查阅。公开发行股票的股份有限公司必须公告其财务会计报告。

国务院派出监事会的国有重点大型公司、国有重点金融机构和省、自治区、直辖市人民政府派出监事会的国有公司，应当依法定期向监事会提供财务会计报告。国有公司、国有控股公司应当至少每年一次向本公司的职工代表大会公布财务会计报告。

第三节　公司利润的分配

公司利润是指公司在一定期间内的经营成果，由营业利润、投资收益和营业外收入构成。其中营业利润是指公司营业收入减去营业成本和期间费用后的余额；投资收益是公司对外投资所获取的利润减去投资成本后的余额；营业外收入是指公司主营业务以外的收入减去营业外支出后的余额。公司利润分为税前利润和税后利润。公司利润的分配指的是公司税后利润的分配。

公司利润分配是公司财务会计制度中的一项重要内容，它直接关系到公司未来的发展前景以及公司股东的切身利益。因此，多数国家特别是成文法系国家均在《公司法》中对公司利润的分配作了强制性规定。

一、公司税后利润的分配

（一）公司税后利润分配的顺序

公司税后利润分配必须按照《公司法》所规定的顺序进行。公司税后利润分配的先后顺序排列如下：

1. 弥补上一年度亏损。公司上一年度发生亏损的，首先用公司累积提取的法定公积金弥补；公司法定公积金不足以弥补的，应当用当年利润弥补亏损。如果当年利润在填补了公司上一年度的亏损后，没有剩余的，就不再做后面的分配顺序了。

2. 提取法定公积金。公司分配当年税后利润时，应当提取利润的10%列入公司法定公积金。公司法定公积金累积额为公司注册资本的50%以上的，可以不再提取。

3. 提取任意公积金。我国《公司法》第一百六十七条规定："公司从税后利润中提取法定公积金后，经股东会或者股东大会决议，还可以从税后利润中提取任意公积金。"

4. 向股东分配股利。有限责任公司股东按照实缴的出资比例分取红利；股份有限公司按照股东持有的股份比例分配，但股份有限公司章程规定不按照持股比例分配的除外。

从各国公司法来看，股利分配遵循"无盈不分"的原则，即公司当年无盈利的，原则上不分配股利。公司违反上述法定分配顺序分配股利的，该利润分配行为归于无效。我国《公司法》第一百六十七条规定："股东会、股东大会或者董事会违反前款规定，在公司弥补亏损和提取法定公积金之前向股东分配利润的，股东必须将违反规定分配的利润退还公司。"

（二）公司税后利润分配方案

公司税后利润分配，由公司董事会提出方案，由股东会作出决议。

1. 公司董事会提出建议方案。根据《公司法》相关规定，有限责任公司和股份有限公司的利润分配方案和弥补亏损方案由董事会制订。董事会应当依照法律法规和公司章程的规定，考虑公司实际经营状况、发展计划等，积极谨慎地制订好利润分配方案。

2. 股东会（股东大会）作出利润分配决议。股东会（股东大会）是公司权力机关，当然享有对利润分配方案的审议和决定的权利。多数国家都将股东会（股东大会）作为公司利润分配的决定机关，也有一些国家，如美国某些州的《公司法》将董事会确定为股利分配的决定机关。

二、股利分配的形式

股利分配的形式即公司采用何种方式向股东分配剩余利润。公司向股东分配股利的形式通常有以下几种：

1. 现金分红。现金分红是指公司以现金、支票的方式向股东支付股利。现金分红是最普通的一种股利分配方式，也是最受股东欢迎的一种方式。但现金分红会导致公司资金流量减少，派现过多可能不利于公司的长远利益。

2. 股票股利。股票股利是指公司用增发本公司股票的方式，向股东派发股利。公司用这种方式支付股利，可以将红利转为公司的资本。用这种方式实际上对公司和股东都有利。公司因资本的增加而增长了实力，股东无须就股利所得缴纳所得税，当然对股东而言，就无法获取货币收益。

3. 财产股利。财产股利是指公司以现金以外的有价证券或实物等其他财产，向股东支付的股利。有价证券包括债券、股票（股份）、应付票据等；我国《公司法》第一百四十三条虽然原则禁止公司回购自己的股份，但允许公司为了将股份奖励给本公司职工而回购不超过本公司已发行股份总额的5%的股份；同时规定用于收购的资金应当从公司的税后利润中支出，所收购的股份应当在一年内转让给职工。实物股利主要包括公司的产品，公司购买的对股东有价值或使用价值的物品。

从我国《公司法》的实务来看，多采用现金和股票股利作为股利的分配方式。

三、公积金制度

公积金又称准备金，在英美国家多称储备金，是指公司从税后利润和从资产收益中提取出来的，用于弥补亏损和扩大投资的公司自有资金。公积金作为一项公司资产，属于股东权益财产，并与公司股本一起运用于业务经营，具有资本的功能和性质。

（一）公积金的类别

1. 法定公积金与任意公积金

按公积金形成的依据不同，可以划分为法定公积金和任意公积金。法定公积金是公司依照法律规定从公司利润中提取的公积金，法定公积金提取额为公司税后利润的

10%，累积提取公积金总额达到公司净资产的50%后，可以不再提取。法定公积金最早源于法国《公司法》的规定。《公司法》对法定公积金的规定属于强制性的规定，其目的是为了维持公司资本。任意公积金是公司根据公司章程、股东会决议而任意从公司税后利润中提取的公积金。在英美法系国家，任意公积金是公司公积金的唯一形式。

2. 盈余公积金与资本公积金

根据公积金来源的不同为标准，可以分为盈余公积金和资本公积金。盈余公积金是指公司按一定比例从公司税后利润中提取的公积金。盈余公积金包括法定盈余公积金和任意盈余公积金两种。资本公积金是公司由税后利润以外的，基于资产获得的收益或其他收益所形成的公积金。资本公积金的来源主要有：(1) 超出股票面额发行股票所得的溢价收入；(2) 资本评估的增值，在我国是指"法定资产重估增值"；(3) 公司处分资产的溢价收入；(4) 公司接受捐赠的资产价值；(5) 公司兼并其他公司，被兼并公司的资产价额减去该公司负债额以及应向公司股东给付金额的余额；(6) 当公司减少资本时，减少资本的数额大于弥补亏损数额或返还股东资产数额部分的资产。

（二）公积金的用途

按照《公司法》的规定，公司的公积金用于弥补公司的亏损、扩大公司生产经营或者转增公司资本。

1. 弥补公司亏损。公积金的首要用途就是弥补以前年度公司经营的亏损。能够用于弥补亏损的是盈余公积金，资本公积金不得用来弥补公司的亏损。我国《公司法》对公司亏损的标准没有作出明确的界定，一般来说公司的总收入小于公司的总支出时，即为亏损。

2. 扩大公司生产经营规模。公司要发展壮大，就要扩张公司的生产能力和生产规模，这就需要公司增加资金投入。而公司的公积金提取到一定规模后，如不能投入到生产经营中去的话，会造成资金沉淀和浪费。将公积金投入到扩大公司生产经营活动中去，可以促进公司资产的保值、增值。

3. 转增公司资本。我国《公司法》第一百六十九条明确规定，公司的公积金可以用于转增公司资本，法定公积金转为资本时，所留存的该项公积金不得少于转增前公司注册资本的25%。

第十章

公司债券

GONG SI ZAIQUAN

第一节 公司债券概述

一、公司债券的概念

公司债券是指公司依照法定程序发行的、约定在到期后还本付息的有价证券。这一有价证券是公司向社会公众募集筹借资金的方式，因此会在公司与债权人之间形成一种金钱债权债务关系。

在市场经济发展过程中，公司为了扩大生产规模，壮大自身力量，就需要注入资金，公司传统的资金来源主要有两种途径：一是通过发行新股，即以发行股份的方式来增加公司资本总额；二是通过向金融机构贷款获得所需资金。然而，第一种途径，公司发行新股就需要对新股东进行利润分配，由此会产生新的经济负担；第二种途径，即便可以从金融机构处获取贷款，程序比较繁杂，而且要求也比较苛刻。为克服以上融资途径的弊端，在现代市场经济中，引入了公司债券这一概念，即向不特定的社会公众借贷，由此产生的债务就是公司债。

从目前我国社会、经济生活的实际情况来看，公司债券市场的形成具有十分重要的意义，也符合多元化投资的需要。众所周知，目前我国居民储蓄一直维持在一个较高的量度上，这里面既有人们对经济的发展持有的谨慎心理，但另一方面也反映出，我国广大民众多元化投资渠道不畅通的实际情况，民众的储蓄在很大程度上是以单一的储蓄存款方式停留在银行等金融机构里面，并没有转化为金融市场上的金融投资。由此可以看出，居民和企业的多元化投资受阻，而解决问题的出路在于广辟投资渠道，购买债券则是重要的投资渠道之一。

我国公司债券的历史要早于股票。20 世纪 80 年代初期，一些企业为筹集资金，自发地向社会和内部发行了不同形式的有价证券，揭开了我国公司债券的发展序幕。

从公司债券的发展过程来看，大致可分为四个阶段：萌芽阶段（1984 年到 1986 年）。在此期间，国家对其尚没有进行规范管理，也没有相应的法律法规。快速发展阶段（1987 年到 1992 年）。1987 年 3 月 27 日，国务院颁布实施了《公司债券管理暂行条例》，这是债券市场发展的一个重要观察指标。第三阶段是所谓整顿阶段（1993年到1995年）。1993年8月2日，国务院修订颁布了《公司债券管理条例》。当年开始经济治理整顿工作，公司债券发行计划改为新增银行贷款解决（债转贷）。从1994年开始，公司债券品种归纳为中央公司债券和地方公司债券两个品种。第四阶段可以说是规范发展阶段（1996年至今），其重要特点是发行规模不断扩大。

公司债券作为一种特殊的募集资金的方式，具有自己的特点，这些特点主要表现在：

（一）公司债券与股票的区别

1. 主体的法律地位不同

公司债券债权人只是作为民法上的一般债权人享有债权，不享有对公司经营管理的参与权；而公司股份的持有者是公司的股东，享有法律规定的和章程约定的权利、义务，有权参与公司的重大决策和经营管理。

2. 权利的内容不同

公司现状的债权人无论公司有无盈利，甚至在亏损的情况下，也有权要求公司支付利息，按期归还本金，公司债券利率也是预先确定并保持不变的；而股东则仅在公司有可分配的盈余时，才能依事先确定的分配标准确定分配的股息。

3. 风险责任不同

因为购买公司债券是一种资金出借行为，因此，在公司破产或解散时，公司债券的债权人有权优先于股东就公司财产获得清偿，公司债券债权人不承担风险责任或只承担较小的风险责任；而股东则须承担公司经营失败带来的不利后果。

（二）公司债券与一般借贷的区别

公司债券作为具有消费借贷性质的金钱债务，与一般借贷之债具有相似之处，如两者都以公司作为债务人，但二者之间仍有很大的区别。

1. 债权主体不同

公司债券的债权人具有公众性，属于不特定的多数人，任何民事主体只要认购或受让公司发行的债券，都可以成为公司债的债权人，而且公司债券可以在市场上进行流通；公司的一般借贷之债的债权人一般都是特定的银行及其他金融机构，根据我国法律规定，公司之间禁止借贷，因此公司的一般借贷的债权人是不具有公众性的特点。

2. 债权表现形式不同

公司债券的表现形式为债券，为有价证券的一种，债权人所持有的债券可以流通转让，具有较强的流通性；而公司的一般借贷的债权凭证通常表现为借贷契约等形式，不具有流通性，仅在符合债权转让的法定条件时，方可在有限的范围内进行转让。

3. 法律依据不同

公司债券是公司依据《公司法》、《证券法》规定的条件及程序，通过发行公司债券而向社会公众募集资金，与之形成债权债务关系的，主要以《公司法》、《证券法》作为准据法；而公司一般性的借贷形成及处理依据是我国《民法通则》、《合同法》等民事法律规范。

发行公司债券的意义：

1. 可以降低融资资本

由于投资公司债券的风险相对较小，收益稳定，因而在投资市场上有较强的吸引力，而公司发行债券，可以根据公司实际情况制订利率，不仅掌握着一定的主动权，还有相当回旋的空间，从而降低债券的利息支出。

2. 提升公司的声誉

在很多国家，允许公开发行公司债券的规定比较严格，一般只赋予有相当资本、运营良好的公司这一权利。因此，企业通过向社会公开发行债券不仅能扩充自己的资本，还可以扩大市场影响，提高自身的知名度，向投资者展示自己的信誉及实力，为公司的业务扩展提供良好的市场环境。

3. 有利于促进债券市场的发展

从微观层面看，企业债券市场的发展有利于拓宽企业资金来源渠道，建立企业的主动型融资渠道。从宏观角度观察，企业债券的发展促使金融市场的交易工具更为丰富，吸引更多的投资者参与，提供市场化的利率波动信号，从而推动债券市场扩大规模、增强功能。国际经验表明，缺乏一个完善的企业债券市场，不仅会直接制约资本市场的发展，同时也会影响货币市场的流动性及其运行的效率。因此，鼓励越来越多的公司发行债券有利于我国债券市场的繁荣。

二、公司债券的法律特征

公司债券作为公司向出资者出具的债券凭证，有证明发行者与投资者之间的债权、债务关系的作用，具有如下特征：

1. 公司债券发行和交易必须符合法律的规定；

2. 发行公司债券筹集的资金，必须用于审批机关批准的用途，不得用于弥补亏损和非生产性支出；

3. 公司债券的本金到期归还，公司债券的利息是固定的；

4. 公司债券持有人在公司解散或破产的情况下，优先于公司股东得到清偿。

三、公司债券的种类

公司债券的发行，可以根据发行公司的实际情况，采取不同的形式、条件进行，根据我国《公司法》规定，发行债券的公司可以发行记名公司债券和无记名公司债券、可转换公司债券和非转换公司债券。在国外，尚有普通公司债券和参加公司债券、登记债券和实物债券的分类等。由此产生了不同种类的公司债券。

（一）担保公司债券和无担保公司债券

这是按债券有无担保或抵押为标准作的分类。担保公司债券是指以公司的财产对该债券的还本、付息作出担保的公司债券。无担保公司债券又称“无抵押公司债券”，指仅凭公司信用无其他财产作担保而发行的公司债券。前者就公司债的偿还设定一定的担保，公司债券债权人在其公司债券债权不能实现时，可以行使优先受偿权；后者则无此种保障。

就担保公司债券来说，存在着人的担保和物的担保两种情况。人的担保是指由发行债券公司以外的第三人，对公司债的偿还提供保证，在发债公司不能偿还到期的公司债务时，由该保证人承担偿还责任。物的担保是由发债公司以自己所有的财产，对公司债券的偿还提供担保，在发债公司到期无法偿还债务时，公司债券债权人有权从提供担保的公司财产中优先获得清偿。

区分这两种分类的法律意义在于，一旦公司债券载明的偿还期限届满，债权人得不到偿还时，这两种债券的处理方法是不同的，有担保的公司债券，债权人得依担保权的行使而优先受偿，而无担保的公司债券持有人仅能作为一般债权人提出权利要求。

目前各国大都允许发行有担保公司债券或无担保公司债券，但显然发行无担保公司债券对债权人的风险较大，在我国《证券法》中，目前尚未作出对发行担保债券的专门规定，实际发行的公司债券，均属无抵押、无担保的公司债券。

（二）记名公司债券和无记名公司债券

按公司债券上是否记载债权人名称，可将公司债券分为记名公司债券和无记名公司债券。我国《公司法》第一百五十七条规定：“公司债券，可以为记名债券，也可以为无记名债券。”记名公司债券是指在公司债券及公司债券存根上记载债权人的姓名，此种债券即为记名债券。无记名债券，指在公司债券及公司债券存根上不记载债权人的名称的债券。

根据我国《公司法》第一百五十八条的规定：“公司发行公司债券应当置备公司债券存根簿。”

发行记名公司债券的，应当在公司债券存根簿上载明下列事项：

1．债券持有人的姓名或者名称及住所；

2．债券持有人取得债券的日期及债券的编号；

3．债券总额，债券的票面金额，债券的利率，债券的还本的期限和方式；

4．债券的发行日期。

发行无记名公司债券的，应当在公司债券存根簿上载明债券总额、利率、偿还期限和方式、发行日期及债券的编号。

记名公司债券所形成的债权为记名债权，依照《公司法》规定，应将债权人的名称等记载于公司债券存根簿上。在记名公司债券转让时，应依背书或者其他法定方式进行，且需办理债权人变更记载手续，即转让后由公司将受让人的姓名或者名称及住所记载于公司债券存根簿。

无记名公司债券属于无记名债权，因而无须在公司债券存根簿上记载公司债券债权人名称等事项，转让时亦无须进行背书及履行债权人变更记载手续。通常情况下，公司债券大多以无记名公司债券的形式发行。

（三）可转换公司债券与非转换公司债券

按公司债券是否可以转换成公司股票，分为可转换公司债券与非转换公司债券。可转换公司债券是指公司债权人可根据自己的意愿在一定期限内，依事先确定的办法，将持有的公司债券转换为公司股票的公司债券。非转换公司债券则不能转换为公司股份。我国《公司法》第一百六十二条规定："上市公司经股东大会决议可以发行可转换为股票的公司债券，并在公司债券募集办法中规定具体的转换办法。上市公司发行可转换为股票的公司债券，应当报国务院证券监督管理机构核准。发行可转换为股票的公司债券，应当在债券上标明可转换公司债券字样，并在公司债券存根簿上载明可转换公司债券的数额。"

可转换的公司债券本质上仍属公司债的一种表现形式，但由于这种债具有转换为股份的可能性，因而一般被视为潜在的股份。对于投资者来说，投资于公司债券，在到期时能够取得本金和固定利息，因而具有投资上的安全性，但同时也使收益带有固定性；而投资股份，则有可能取得更丰厚、更长久的收益，因而具有投资上的机会性，当然也伴随着较大的风险。可转换公司债券则把两者结合起来，使得投资者有可能兼收两种投资方式之利，又同时避开两种投资方式之弊。转换公司债券的持有人，在股票价格下跌时，可以依本来的公司债券取回本息，以维持固定的收益，而在公司的股票升值时，则可以将公司债券转换为公司股份，以股东的身份获取股票增值带来的利润。根据我国《公司法》的规定，发行可转换为股票的公司债券的，公司应当按照其转换办法向债券持有人换发股票，但债券持有人对转换股票或者不转换股票有选择权。这样使得一般投资者乐于认购公司债券，而对于发行债券公司自身来说，在发行转换公司债券并可能实现其向公司股份的转换时，则可以在取得增资的同时，减少相应的债务负担，实现“双赢”的局面。

区分可转换公司债券和非转换公司债券的法律意义在于：可转换公司债券条件成熟时一经转换，原公司的债权人即成为公司的股东，而非转换公司债券的持有人只享有定期得到还本付息的权利。

第二节　公司债券的发行

一、公司债券的发行主体

公司债券作为公司筹措经营资金的一个途径，具有相当的便当性，然而并非所有的公司均具有发行债券的资格，各国一般都在公司法上进行了明确的规定，只有符合法律规定的条件，通过法定的程序才能获得发行的资格。

我国旧《公司法》曾规定：“股份有限公司、国有独资公司和两个以上的国有企业或者其他两个以上的国有投资主体投资设立的有限责任公司，为筹集生产经营资金，可以依照本法发行公司债券。”由此可见，在我国依法设立的股份有限公司，均具备公司债券发行的主体资格，可以发行公司债券；而有限责任公司仅限于由国家出资设立的，包括国有独资公司和由国有企业或国有投资主体出资设立的有限责任公司。

普通的有限责任公司则无权发行公司债券，这主要是减少债券市场的投资风险，因为大量的有限责任公司多为中小企业，经济实力较弱，经营规模偏小，防范风险能力不强。而股份有限公司由于设立条件严格、财务会计报表较为透明，便于公众进行投资选择。

实践中债券的发行一般是指公开发行，根据我国相关法律的规定，公开发行证券，必须符合法律、行政法规规定的条件，并依法报经国务院证券监督管理机构或者国务院授权的部门核准；未经依法核准，任何单位和个人不得公开发行证券。

有下列情形之一的，为公开发行证券：

1. 向不特定对象发行证券的；

2. 向特定对象发行证券累计超过 200 人的；

3. 法律、行政法规规定的其他发行行为。

非公开发行证券，不得采用广告、公开劝诱和变相公开方式。

二、公司债券的发行条件

（一）发行公司的资信条件

根据《证券法》第十六条规定，发行公司债券，必须符合下列条件：

1. 股份有限公司的净资产额不低于人民币 3000 万元，有限责任公司的净资产额不低于人民币 6000 万元。

2. 累计债券余额不超过公司净资产额的 40%。所谓净资产是指公司现有的全部资产，减去全部债务的余额。因此，公司所拥有的净资产额的规模如何，是衡量一个公司的财产责任能力大小和公司信用程度高低的标志。公司发行债券即增加企业的债务总量，为维护企业的正常运转及还债能力，通常情况下，不允许公司债券发行主体超过自己的净资产额而发行债券。为使公司保持足够的净资产作为偿还债务的担保，我国《证券法》把公司发行债券的累计余额限度规定为不得超过公司净资产额的 40%。

3. 最近 3 年平均可分配利润足以支付公司债券一年的利息。公司债券发行不仅需要有一定数量的公司净资产，作为其基础性的责任财产保证，还需要公司有良好的发展态势，以确保债券发行公司方有足够的偿债能力。而作为公司业绩优劣的评判标准，一般是以可分配利润来体现，可分配利润是指公司依法纳税、弥补亏损、提取公积金和公益金后可用于分配的利润，良好的经营业绩是保障企业偿还债务的根本。因此，我国《公司法》把公司近 3 年的平均可分配利润作为衡量公司经营业绩的一个指标，公司在发行债券时，发债公司最近 3 年的平均可分配利润，必须达到足以支付一年的公司债券应付利息的水平。

4. 筹集的资金投向符合国家产业政策。发行公司债券所募集的资金，尽管是具体用于公司的生产经营，公司享有支配权，但其来源于社会投资，在我国投资资金缺乏的情况下，为更大限度地发挥资金的经济效益，国家专门作出了规定，发行公司债券所募集的资金投向必须符合我国产业政策的规定。这不仅是国家宏观调控的需要，也可以促进资金在各行业之间合理地流动、调配。

同时，我国《证券法》还规定发行公司债券筹集的资金，必须用于审批机关批准的用途，不得用于弥补亏损和非生产性支出。

5. 债券的利率不得超过国务院限定的利率水平。公司债券的利率高低，不仅直接影响着公司及投资者，对于整个社会经济生活都会产生较大的影响。过高、过低的债券利率，都不利于债券市场的发展及金融秩序的维护。因此，我国《证券法》规定，公司债券的利率不得超过国务院限定的利率水平。根据《国务院企业债券管理条例》的规定，公司债券的利率不得高于银行相同期限居民储蓄定期存款利率的40%。

6. 国务院规定的其他条件。

（二）公司债券发行的限制事项

根据我国《证券法》第十八条的规定，凡有下列情形之一的，不得再次发行公司债券：

1. 前一次发行的公司债券尚未募足的。

所谓尚未募足，是指尚在发行期间内、仍在募集，但未达到预定发行额，这也说明公司的债券在市场上缺乏一定的吸引力，再次发行债券显然是不合适的。

2. 对已公开发行的公司债券或者其他债务有违约或者延迟支付本息的事实，仍处于继续状态的。

即对已经发行的公司债券有违约或延迟支付本息的事实，而且仍处于继续状态的，这种情况表明了公司的经营状况和还债能力已经出现的严重问题，再次发行债券，必然危害新旧债权人的利益，故需禁止。

3. 违反本法规定，改变公开发行公司债券所募资金的用途。

三、公司债券的发行程序

公司债券的发行，必须依照《公司法》、《证券法》的规定程序进行，在程序设置上，公司债券的发行与股份有限公司的新股发行相类似，具体发行公司债券的程序是：

（一）董事会制订发行方案，股东会作出决议

凡是具备公司债发行主体资格、符合公司债券发行条件的公司，在发行公司债券时，都必须首先对公司债券的发行作出有效的决议。发行公司债券的决定权，主要有两种立法例，一是由董事会决定发行公司债，如日本、英国、荷兰等国家；二是由股东会决定公司债的发行，如法国、德国、意大利等国家。我国采用后一种做法。我国《公司法》第三十八条及第四十七条规定，有关公司债发行的决议，属于有限责任公

司股东会、股份有限公司股东大会的决议事项。而相关公司债券发行的具体方案的制定，则属于董事会的职责。国有独资公司发行债券时，应由国家授权投资的机构或者国家授权的部门作出决定。

（二）报国务院证券管理部门批准

由于我国目前社会经济发展状况，以及证券市场还需进一步规范等因素制约，我国对公司债券的发行，仍实行较为严格的管理制度，根据《证券法》第十七条规定，申请公开发行公司债券的，应当向国务院授权的部门或者国务院证券监督管理机构申报，对符合申请的，予以批准。公司向国务院证券管理部门申请批准发行公司债券时，应当提交下列文件：

1. 公司营业执照；
2. 公司章程；
3. 公司债券募集办法；
4. 资产评估报告和验资报告；
5. 国务院授权的部门或者国务院证券监督管理机构规定的其他文件；
6. 依照本法规定聘请保荐人的，还应当报送保荐人出具的发行保荐书。

（三）公告债券募集办法

根据《公司法》第一百五十五条规定，发行公司债券的申请经批准后，应当公告公司债券募集办法。

公司债券募集办法中应当载明下列主要事项：

1. 公司名称；
2. 债券募集资金的用途；
3. 债券总额和债券的票面金额；
4. 债券利率的确定方式；
5. 还本付息的期限和方式；
6. 债券担保情况；
7. 债券的发行价格、发行的起止日期；
8. 公司净资产额；
9. 已发行的尚未到期的公司债券总额；
10. 公司债券的承销机构。

（四）募集债款

公司债券的发行申请经国务院证券主管部门批准后，就可以进行公司债券的募集。公司债券的发行募集方式，包括直接募集和间接募集两种，前者是由公司直接向社会公众募集，后者则是由债券发行公司委托证券承销商承销或特定人的代为代销。从我国《证券法》的规定和实际动作来看，公司债券的募集发行一般不能采用直接募集的方式，而采用间接募集，即包销与代销。

1. 包销

我国《证券法》第二十八条规定，证券包销是指证券公司将发行人的证券按照协议全部购入或者在承销期结束时将售后剩余证券全部自行购入的承销方式。

2. 代销

证券代销是指证券公司代发行人发售证券，在承销期结束时，将未售出的证券全部退还给发行人的承销方式。

同时，对于这种承销的期限我国《证券法》第三十三条也专门作出了规定，证券的代销、包销期限最长不得超过90日。

证券公司在代销、包销期内，对所代销、包销的证券应当保证先行出售给认购人，证券公司不得为本公司预留所代销的证券和预先购入并留存所包销的证券。

同时《证券法》规定，证券公司在代销、包销期内证券公司承销证券，应当同发行人签订代销或者包销协议，载明下列事项：

1. 当事人的名称、住所及法定代表人姓名；
2. 代销、包销证券的种类、数量、金额及发行价格；
3. 代销、包销的期限及起止日期；
4. 代销、包销的付款方式及日期；
5. 代销、包销的费用和结算办法；
6. 违约责任；
7. 国务院证券监督管理机构规定的其他事项。

（五）置备公司债券存根簿

公司债券存根簿是指记载债券持有人及债券有关事项的法定账簿。公司在发行公司债券后，必须制作并置备公司债券存根簿，根据是否是记名债券和无记名债券而作不同的记载。发行记名公司债券的，应当在公司债券存根簿上载明下列事项：

1. 债券持有人的姓名或者名称及住所；
2. 债券持有人取得债券的日期及债券的编号；
3. 债券总额，债券的票面金额、利率，还本付息的期限和方式；
4. 债券的发行日期。

发行无记名公司债券的，应当在公司债券存根簿上载明债券总额、利率、偿还期限和方式、发行日期及债券的编号。

四、公司债券的转让

公司债券有别于一般债务的最大特点，就是公司债券的流通性，因为其是有价证券，因而，公司债券的转让普遍为法律所认可。我国《公司法》第一百六十条对公司债券的转让规定，则体现了债券自由转让、依法转让、价格约定的原则。同时对于公司债券的转让的方式、地点等，我国《公司法》、《证券法》都有明确的规定。

公司债券转让的一般原则可以归纳为三个方面：第一，对公司债券实行自由转让的原则，对债券转让的行为不附加过多的限制条件。这对于发行债券的公司方来说也十分有利，从表面来看，对发行方来说难以确定相当固定的债权人，的确是个问题，但我们也应当看到，这一原则是保障公司债券成功发行的重要因素之一。因为，对于投资者来说，公司债券的自由转让，有利于他们自由选择投资对象，当投资者想转移投资对象或别的原因时，他们可以随时提前收回所投入的资金，便于实现对自身资本的实际掌控，因而这一原则能更好地吸引投资者。第二，对公司债券的转让实行依法进行的原则，对于公开发行的证券，限定公司债券的转让地点、方式等，这是从维护社会经济秩序和国家金融秩序的需要出发而设立的制度。第三，对公司债券的转让实行价格约定原则，债券的转让实际上类似于债权的转移，允许当事人进行自由的协商，而不受发行价格等因素的影响。

（一）转让方式

根据《公司法》第一百六十一条的规定，记名公司债券，由债券持有人以背书方式或者法律、行政法规规定的其他方式转让。记名债券的转让，由公司将受让人的姓名或者名称及住所记载于公司债券存根簿。无记名债券，由债券持有人将该债券交付给受让人后即发生转让的效力。

（二）转让场所

根据《证券法》的规定，转让依法公开发行的公司债券应当在依法设立的证券交易场所上市交易，依法设立的证券交易场所包括证券交易所和场外交易场所。目前在我国，证券交易所指上海证券交易所和深圳证券交易所；场外交易所指证券交易公司、证券交易营业部、银行和其他金融机构的营业网点等场所。

如果采用在证券交易所上市交易的方式，应当采用公开的集中交易方式或者国务院证券监督管理机构批准的其他方式。证券交易当事人买卖的证券可以采用纸面形式或者国务院证券监督管理机构规定的其他形式。

证券交易以现货和国务院规定的其他方式进行交易。

（三）转让价格

我国《公司法》对公司债券的转让价格采用价格约定原则，没有具体规定，允许当事人进行自由协商。

第三节　公司债券的上市交易

一、公司债券的上市交易

所谓债券上市，就是指证券交易所承认并接纳某种债券在交易所挂牌交易。债券上市具有重要的意义：第一它使债券的流通成为可能，市场的作用可以得到充分的发挥；第二扩大了上市公司的影响，为上市公司进一步筹资提供了更多的机会；第三使投资者的投资可得到及时地变现，同时，也为投资者避险提供了条件；第四使上市公司置于公众的监督之下，有利于规范上市公司的行为，提高上市公司的资质。

各国对公司债券上市标准的规定有很大差异。一般来说，公司债券上市的标准较股票上市的标准相对宽松。我国《证券法》第四十八条规定，申请证券上市交易，应当向证券交易所提出申请，由证券交易所依法审核同意，并由双方签订上市协议。

公司申请其公司债券上市交易必须符合下列条件：

1. 公司债券的期限为1年以上；
2. 公司债券实际发行额不少于人民币5000万元；
3. 公司申请其债券上市时仍符合法定的公司债券发行条件。

根据我国《证券法》第五十八条的规定，申请公司债券上市交易，应当向证券交易所报送下列文件：

1. 上市报告书；
2. 申请公司债券上市的董事会决议；
3. 公司章程；
4. 公司营业执照；
5. 公司债券募集办法；

6. 公司债券的实际发行数额；

7. 证券交易所上市规则规定的其他文件。

申请可转换为股票的公司债券上市交易，还应当报送保荐人出具的上市保荐书。

二、公司债券上市交易的暂停与终止

为了保护债权人的利益，公司债券上市交易在一定情况下还有可能被暂停上市或终止上市。债券上市交易的暂停与终止是既有联系又有区别的两个概念。

债券上市的暂停是指上市公司发生法定原因时，上市债券暂时停止在证券交易所挂牌交易的情形。一旦暂停原因消除，债券即可恢复上市。债券上市的终止是指发生法定原因后，原上市的公司债券不得继续在证券交易所交易的情形。二者的共同点是上市债券停止交易活动。区别点是债券上市暂停可在具备法定条件时，恢复债券上市交易，而上市交易终止则不能恢复债券上市。

根据我国法律规定，债券上市交易后，公司有下列情形之一的，由证券交易所决定暂停其公司债券上市交易：

1. 公司有重大违法行为；

2. 公司情况发生重大变化不符合公司债券上市条件；

3. 发行公司债券所募集的资金不按照核准的用途使用；

4. 未按照公司债券募集办法履行义务；

5. 公司最近两年连续亏损。

如果债券发行公司有上面所举第 1、第 4 项所列情形之一经查实后果严重的，或者有第 2、第 3、第 5 项所列情形之一，在限期内未能消除的，由证券交易所决定终止其公司债券上市交易。

公司解散或者被宣告破产的，由证券交易所终止其公司债券上市交易。

我国法律也规定了相应的救济措施，如对证券交易所作出的不予上市、暂停上市、终止上市决定不服的，可以向证券交易所设立的复核机构申请复核。

公司债券上市交易的暂停与终止的规定对我国公司债券市场的规范化建设具有重大意义，一方面，通过提高公司债券的上市标准，申请可转换为股票的公司债券上市交易实行上市推荐人制度，并规范强化债券发行人的信息披露，必将大大提高上市债券的质量和对投资者的吸引力，可以活跃公司债券场内交易；另一方面，场内交易市场的规范，也为将来开放场外市场打下良好的基础。通过提高上市债券的质量，使场内交易的债券资信良好，成为投资者可以信赖的投资工具，可以规范发展公司债券的交易。

第十一章

公司的合并、分立、增资、减资

GONGSI DE HEBING FENLI ZENGZI JIANZI

第一节　公司的合并

一、公司合并的概念

公司合并，是指两个或两个以上公司依照法定程序，通过协商达成一致，共同组成一个公司的法律行为。

公司的合并对于市场经济的发展具有非常重要的意义，也是市场经济条件下社会化大生产发展到一定阶段的产物。从公司自身来看，公司合并可以使公司扩大经营规模和调整经营范围、盘活公司存量资产、对自身资源进行优化组合以促进公司的快速发展，增强市场竞争力。从市场发展来看，公司合并能够实现一个国家经济结构、产业结构的调整和重组，实现社会资源的合理配置，并有利于社会经济的稳定发展。

二、公司合并的形式

公司合并的法定形式有吸收合并和新设合并两种。

1. 吸收合并

指一个公司吸收其他公司后继续存在，被吸收的公司则归于消灭的法律行为。例如，A、B、C 三个公司合并，合并以后，A 公司继续存在，B、C 两个公司则全部解散。合并后的公司沿用 A 公司的名称，保留其法人资格，B、C 两个公司的财产所有权及债权债务均归属于 A 公司，其股东亦成为 A 公司的股东。

2. 新设合并

又称创设合并，指两个或两个以上公司合并成一个新的公司，参与合并的公司均依法解散的法律行为。例如，甲、乙、丙三个公司进行合并，合并后，这三个公司均归于消灭，另外创设出一个 A 公司，甲、乙、丙三个公司的财产、债权债务及股东均归属于 A 公司。

三、公司合并的特征

不论哪一种方式的合并，在《公司法》的意义上，公司的合并具有以下几方面的特征：

1. 公司合并的当事人是公司本身，而非股东；

2. 除在吸收合并中吸收公司存续外，其他参与合并的公司和法人资格均归于消失；

3. 公司合并是不需要通过清算程序即可消灭或变更公司的行为；

4. 因合并而消失了的公司的权利、义务，一并转移至合并后存在的公司或新设的公司。

《公司法》意义上的公司合并必须要符合以上四个方面的特征，实践中与公司合并既有联系又有区别的概念是公司兼并。

公司兼并是指一个公司通过购买其他公司的产权或股份的方式，从而使其他公司失去法人资格或被控股的法律行为。公司兼并有两种常见的方式：一种方式为公司法上的公司合并，另一种方式则只是一种股份收购行为。由此可见，兼并的含义比合并广泛。

四、公司合并的法律限制

公司合并尽管属于公司间的一种契约行为，涉及合并各方及其股东、债权人、职工、经营管理者的权利、义务和责任，同时，合并也意味着市场中公司数目的减少，降低了竞争的程度，对国家的微观和宏观经济都会产生一定的影响。因此，许多国家都对公司的合并作出了不同程度的限制，主要表现如下：

1. 反垄断法律方面的限制。如果公司的合并超过了一定的法定限度，在某个行业部门形成了垄断，违反垄断法的规定，则合并无效。

2. 特殊行业的合并限制。世界几乎所有的国家对关系国计民生的特殊行业，如银行、保险、铁路、邮电等行业的公司合并，都有严格的法定程序，同时合并还必须获得政府主管机关的批准。

3. 与外国公司合并的限制。出于维护国家利益的考虑，各国公司法对本国公司与外国公司合并一般都有特别限制。

五、公司合并的程序

公司的合并涉及公司的解散、变更和设立等一系列问题，为保护各方当事人的合法利益，合并行为必须按照法律规定的程序进行。根据我国《公司法》的规定，公司合并应依下列程序进行：

（一）订立合并协议

参加合并的各公司在平等、自愿原则基础上，就合并的有关事项达成一致的协议。对合并协议应包括哪些主要条款，《公司法》没有规定，参照目前仍在生效的《关于外商投资企业合并与分立的规定》第十九条的规定，合并协议一般应包括以下内容：

1. 合并协议各方的名称、依据、法定代表人；
2. 合并后存续公司或新设公司的名称、住所；
3. 合并后公司的投资总额和注册资本；
4. 合并形式；
5. 合并协议各方债权、债务的承继方案；
6. 职工安置办法；
7. 合并协议各方认为需要载明的其他事项。

（二）作出合并协议

公司的合并事关股东权益，必须由股东会作出决议。根据我国《公司法》第四十四、第六十七、第一百零四条的规定，有限责任公司股东会对公司合并作出的协议，必须经代表2/3以上表决权的股东通过；国有独资公司的合并必须由国有资产监督管理机构或国家授权部门决定；股份有限公司股东大会对公司合并作出的决议，必须经出席会议的股东所持表决权的2/3以上才能通过。

（三）编制资产负债表及财产清单

根据我国《公司法》第一百七十四条的规定，公司合并时，合并各方应编制资产负债表和财产清单。以明确参与合并各方的资产及负债状况，便于公司股东及债权人了解情况。

（四）通知和公告债权人

公司合并直接关系到债权人权利的实现，故我国《公司法》第一百七十四条规定：“公司应当自作出合并决议之日起10日内通知债权人，并于30日内在报纸上公告。债权人自接到通知书之日起30日内，未接到通知书的自公告之日起45日内，可以要求公司清偿债务或提供相应的担保。”

（五）办理合并登记

公司合并必然引起公司的消灭、新设和变更，根据我国《公司法》第一百八十条规定，公司合并后，应在法定期限内向登记机关办理有关登记手续。依合并中的不同形式可以分成三种情况：因合并而存续的公司，须进行变更登记；因合并而消灭的公司，须进行注销登记；因合并而新设的公司，须进行设立登记。

六、公司合并的法律效果

公司的合并，自合并后存续的公司或新设的公司在登记机关登记之日起生效。其法律效果主要表现为：

（一）参与合并的公司发生变化

依合并方式的不同，公司合并可导致公司消灭、公司变更和新公司的设立三种结果：

1．公司消灭

公司消灭又分为两种情况：一是在吸收合并的情形下，被吸收的公司法人资格消灭；二是在新设合并的场合，参加合并公司均归于消灭，产生一个新的公司。

2．公司变更

在吸收合并时，存续公司的股东、资本等都发生了变化，需修改公司章程并向政府管理部门办理变更登记。

3．公司设立

这种情况只存在于新设合并时，因合并形成了一个新的公司，需按规定办理设立登记手续。

（二）权利义务的概括承受

因合并而消灭的公司，其权利义务由合并后存续的或新设的公司概括承受，根据我国《公司法》第一百七十五条的规定："公司合并时，合并各方的债权、债务，应当由合并后存续的公司或者新设的公司承继。"

第二节　公司的分立

一、公司分立的概念

公司的分立是指一个公司依法定程序分为两个或两个以上公司的法律行为。

实践中，公司往往根据市场分工及自身发展的需要，将原公司中从事某一类或某一部分业务的机构独立出来，另行成立一个公司法人，使其独立对外承担民事责任，以便独立经营。与公司合并不同，它是现代企业随着社会分工的不断细化而出现的，它的出现和普遍适用比公司合并的适用较晚。

二、公司分立的形式

公司的分立分为新设分立和派生分立两种。

新设分立，是指一个公司分离成两个或两个以上公司，原公司因此而消灭。例如，甲公司将其全部资产一分为二，分别设立了乙、丙两个公司，在乙、丙公司诞生之时，甲公司则归于消灭。

派生分立，是指在原公司继续存续的基础上，将公司资产分出一部分或若干部分而再成立一个或数个公司的行为。

三、公司分立的程序

公司分立的法律程序与公司合并大致相同。公司分立，因不涉及其他公司，程序上相对简单：

1. 由分立公司的股东会作出分立决议，并编制资产负债表及财产清单。

2. 公司分立应履行债权人保护程序。根据《公司法》第一百七十六条的规定，公司应当自作出分立决议之日起10日内通知债权人，并于30日内在报纸上公告。

3. 办理登记手续。派生分立后存续的公司，应依法办理变更登记；新设分立时新设的公司应依法办理设立登记；分立后解散的公司，要办理注销登记。

四、公司分立的法律效力

公司分立引起公司的变更、解散和新设，相应的分立公司的资产和股东都会发生变更。实践中，有的公司为了逃避债务，往往将公司中效益较好的部门分离出来，成立一个新的公司；或为恶意抵债将公司的资产转移到新设的公司，由剩下的空壳公司承担债务。这些做法严重损害了债权人的合法权益，危害社会主义市场经济秩序。对此，我国《公司法》第一百七十七条明确规定，除了公司在分立前与债权人就债务清偿达成的书面协议另有约定的外，公司分立前的债务由分立后的公司承担连带责任。

第三节 公司的增资、减资

公司虽然要遵守资本确定、维持、不变的原则，但由于公司成立后各种客观情况发生变化，公司的资本也不可能一成不变。随着公司生产规模的壮大和市场竞争形式的变化，公司的资本也要相应地增加或减少。

一、公司资本的增加

公司资本的增加，简称增资，是指公司为筹集资金、扩大营业、拓展业务，依照法定的条件和程序增加公司的资本总额的行为。

随着公司发展前景的看好，资本需求量的扩大，就需要增加公司资本，由于增资能增强公司的实力，提高公司的信用，提升公司的市场竞争力，因此，各国公司法对增资的条件限制较少。

（一）有限责任公司的增资

有限责任公司的增资无论在程序上还是操作方面都较为简单，主要可采用以下两种方式进行：

1. 增加新的股东以扩充资本

需要注意的是，以这种方式进行增资时，增加后的股东人数不得违反我国《公司法》第二十四条的规定，即有限责任公司由50个以下股东出资设立的规定。

2. 由公司原股东增加出资额

这种情况下，可以按原有的出资比例增加相应的资本，也可以依股东意愿由部分股东增加出资额。根据《公司法》第三十五条的规定，公司新增资本时，股东有权优先按照实缴的出资比例认缴出资。该权利是一种固有权，不得擅自剥夺股东的权利，但是，全体股东约定不按照出资比例优先认缴出资的除外。

根据我国《公司法》的规定，增加资本同样须由股东会会议作出决议，必须经代表2/3以上表决权的股东通过，然后履行一定的公司变更登记手续。

（二）股份有限公司的增资

股份有限公司的增资程序比其他各类公司的增资程序略显复杂。

股份有限公司增加资本主要采取以下三种方式：

1. 发行新股，即增加公司股份数额，表现为公司在原定股份总数之外发行新的股份。如原有股份100万股，每股10元，现新发行20万股，每股10元，公司资本即由原来的1000万增至1200万。

2. 增加股份金额，即在不改变公司原股份总数的情况下增加每股金额，如由原来的每股1元增至每股10元，那么如果公司有1亿股份，则公司资本由原来的1亿增至10亿。此种方式的增资，只能在原有股东内部进行，不向社会发行。

3. 既增加股份的数额，又增加每股的金额，即同时采用前两种方法。

在实践中，因第二、第三种方法的运用涉及股东的意见及复杂的计算，不便操作，故多采用第一种方法。

（三）国有独资公司的增资

根据我国《公司法》第六十七条的规定，国有独资公司不设股东会，由国有资产监督管理机构行使股东会职权。所以，国有独资公司的增资必须由国有资产监督管理机构决定。

二、公司资本的减少

公司资本的减少，简称减资，是指公司因资本过剩等原因，根据生产经营的实际情况，依照法定条件和程序减少公司的资本总额。

按照资本不变原则的要求，一般不允许公司减少资本，因为资本的减少有可能危及社会交易的安全，不利于对公司债权人的保护。但当公司的预定资本过多，形成资本过剩，或公司营业状况不佳时，如仍坚持资本不变，就可能造成资本在公司中的停滞，不利于发挥社会财富的经济效益，也使公司背负巨大的分红派息的压力，也不利于公司及股东。

（一）有限责任公司的减资

为保护债权人的利益，有限责任公司一般不得减少资本。有的国家虽然允许有限责任公司减资，但为债权人利益计，对减资的程序作出了严格的限制。我国《公司法》对有限责任公司的减资程序也作出了严格的限制。减资决议的作出，必须经代表2/3以上表决权的股东通过，公司决议减少注册资本时，必须编制资产负债表及财产清单。

根据我国《公司法》的规定，公司应当自作出减少注册资本决议之日起10日内通知债权人，并于30日内在报纸上公告。债权人自接到通知书之日起30日内，未接到通知书的自公告之日起45日内，有权要求公司清偿债务或者提供相应的担保。

公司减资后的注册资本不得低于法定的最低限额。

（二）股份有限公司的减资

股份有限公司的减资，不仅缩小了公司的责任范围，直接影响到公司债权人的利益，而且还直接涉及股东的权益。因此，我国《公司法》第一百零四条专门作出了规定，股东大会作出减少注册资本的决议的，必须经出席会议的股东所持表决权的2/3以上通过。

与股份有限公司的增资方法相对应，股份有限公司的减资方法也有三种：

1. 减少公司股份总数，即每股金额并不减少，只是减少股份总数。如原有100万股，减少为50万股。减少股份总数的方法可采用两种：一种是销除股份，即销除公司的一部分或特定股份；另一种是合并股份，即由原来的几股合并为一股。

2. 减少公司股份金额，即股份总数不变，只减少每股的金额。如将原来的每股10元减少到每股8元，股份总数不变。

第十二章

公司的解散与清算

GONGSI DE JIESAN
YU QINGSUAN

第一节　公司解散

一、公司解散的概念

公司解散，是指业已成立的公司，因发生法律或章程规定的解散事由而停止其积极的业务活动，并开始处理未了结事务的一种法律程序。

“公司解散”可以从以下几方面理解：（1）解散是针对已经成立的公司而言的，从未合法成立过的公司不存在解散的问题；（2）公司解散发生在法律或章程规定的事由出现时，否则，公司一般不会停止积极主动的营业活动，而是将长久、持续地经营下去；（3）公司解散之后仍存续一段时间，其法人资格并不立即消灭。只有当解散后的公司完成清算并注销登记后，其法人资格才最终丧失。正如台湾学者郑玉波先生所言：“公司一经解散，则公司所取得之法人人格即趋向消灭之途。唯不立即消灭，必须清算完了后，始全归消灭。”

二、公司解散的分类

公司解散可作多种分类。根据公司解散的原因不同，可将公司解散分为自愿性解散、行政性强制解散和司法性强制解散三类。

1. 自愿性解散

自愿性解散，简称为“自愿解散”或任意解散，是指基于公司或股东的意愿而解散公司。自愿性解散是现代各国公司法规定的一种公司解散类型。

根据我国《公司法》第一百八十一条的规定，公司解散的事由主要包括：（1）公司章程规定的营业期限届满或者公司章程规定的其他解散事由出现；（2）股东会或者股东大会决议解散；（3）因公司合并或者分立需要解散；（4）依法被吊销营业执照、责令关闭或者被撤销；（5）人民法院应股东的请求而解散公司。其中前三个事由所导致的公司解散属于自愿性解散。

2. 行政性强制解散

行政性强制解散，属于强制解散的一种。强制解散是相对于自愿解散而言的，是指非依公司或股东自己的意思，而是基于法律规定、行政机关命令或司法机关判决而导致的公司解散。行政性强制解散，是公司成立后，在生产经营的过程中，因违反法律、行政法规，实施危害社会公共利益的行为，依据行政机关的命令而导致的公司解散。依据我国《公司法》的规定，行政性强制解散的事由主要包括：（1）公司因违法活动而被责令解散；（2）公司虚报注册资本，用虚假证明或其他欺骗手段取得公司资格、变更、注销后，一定期限内不公告或公告内容与核准内容不实，伪造、涂改、出租、出借、转让营业执照，成立公司后无正当理由超过6个月未开业的，或开业后自行停业连续6个月以上的等等，而被公司登记机关吊销营业执照的。

3. 司法性强制解散

司法性强制解散是一种以公权力为主导的司法干预制度，其目的是通过司法权的介入，强制公司解散，以保护受压制的中小股东和公司债权人的利益。在这些国家，当公司出现股东无力解决的不得已事由，公司董事的行为危及公司存亡，或当公司业务遇到显著困难，公司的财产遭受重大损失之虞时，法院依据持有一定比例的出资额或股份的股东以及公司债权人等利害关系人的请求，作出解散公司的裁决。这种基于司法机关判决而导致的公司解散，即为司法性强制解散。

我国《公司法》在第一百八十一条和第一百八十三条规定了判决解散的情形。根据《公司法》第一百八十三条的规定："公司经营管理发生严重困难，继续存续会使股东利益受到重大损失，通过其他途径不能解决的，持有公司全部股东表决权10%以上的股东，可以请求人民法院解散公司。"

需说明的是，公司因不能清偿到期债务，被依法宣告破产的，即应予以解散，进入破产程序，进行破产清算。因此，破产宣告应是公司解散的法定原因之一。从形式上讲，关于破产解散系依据司法机关的裁决而产生，具有司法解散的某种特点，但深究之则会发现它有其自身的特殊性。公司破产程序既可因债权人申请发生，也可因债务人申请发生。因债务人申请导致的公司解散，并非外力强制，而是公司主动作出的意思表示，故难归于强制解散之列。通常意义上的司法解散，一般不包含破产解散这种情形。

三、公司解散登记

公司解散登记有狭义和广义之分。狭义的解散登记是指公司解散后必然进行清算的解散登记。狭义解散登记中的解散事由包括企业存续期间届满、章程规定的解散事由出现、行政命令、法院裁判等。广义的解散登记除包括狭义的解散登记外，还包括那些解散但无须清算的企业解散的登记。

解散登记的目的主要是公示公司解散的信息，一方面使登记机关及时了解企业的变化，便于监督管理，促使公司及时依法清算。另一方面使有利害关系的人知悉公司解散的事实，以保护各利益相关者的利益，保护社会交易的安全。

《公司法》规定了注销登记制度，但没有具体规定解散登记制度。

四、公司解散的效力

公司法人资格并不因公司解散而消灭，只有公司清算完毕，由注册登记机关办理注销登记后，公司法人资格才消灭。

公司解散产生的法律效力包括：（1）公司权利能力受到限制，除为清算的必要，公司不得进行任何经营活动；（2）公司机关的能力受到限制，清算组将全面主持公司工作。尽管公司的股东会和监事会等机关依然存在，但公司的基本工作主要围绕清算展开，公司机关业主要配合清算工作。

第二节　公司的清算

一、公司清算的概念

公司清算是指公司解散后，依照法定程序了结公司未了结之事务，收回债权、清偿债务，使公司归于消灭的一系列法律行为和制度的总称。除公司合并、分立两种情形外，公司解散后都应当依法进行清算，不经清算，公司不得注销消亡。因此，清算是公司解散到公司终止前的一个必经程序。

二、公司清算的分类

公司清算因清算对象、清算程序及清算复杂程度不同，在理论上有不同的分类。

1. 破产清算和非破产清算

破产清算，是指公司法人被宣告破产后，依破产程序进行的清算。《公司法》第一百九十一条规定："公司被依法宣告破产的，依照有关企业破产的法律实施破产清算。"

非破产清算，适用于非破产为由的公司解散，依照《公司法》所规定的清算程序进行，故也称解散清算或一般清算。《公司法》第一百八十八条规定："清算组在清理公司财产、编制资产负债表和财产清单后，发现公司财产不足清偿债务的，应当依法向人民法院申请宣告破产。公司经人民法院裁定宣告破产后，清算组应当将清算事务移交给人民法院。"

2. 法定清算和任意清算

所谓法定清算，是指必须依照法律规定的程序进行的清算。

法定清算主要适用于资合公司，它要求公司结算后必须按照法律规定的程序进行，否则就会影响公司清算的效力，甚至引发法律责任，这是由资合公司的性质所决定的。

任意清算，是指依照章程或全体股东的意见进行，不必按照法律规定的方式和程序处分公司财产。任意清算在西方国家，只适用于无限责任公司、两合公司等人合公司。法律之所以对这类公司允许任意清算，方便投资者尽快了结公司未了之事务，是因为这类公司清算消亡后，其股东对公司债务仍负个人无限责任或连带责任，并不会对债权人利益形成太大的损害。

由于我国只承认有限责任公司和股份有限公司，不承认无限公司和两合公司，故在我国不存在任意清算。

3. 普通清算和特别清算

普通清算和特别清算是法定清算的两种不同形式。

普通清算是公司依照法律规定的程序自行进行的清算，即清算由自己选举或确定清算人依法实施。无须政府或司法机构的干预。

特别清算是指公司因某些特殊事由解散后，或者被宣告破产后，或者在普通清算发生显著障碍无法继续时，在政府或法院的监督或干预下进行的清算。

公司清算本属于公司自治范畴，应由公司的投资者自主确定清算人，国家只需为其确定一套公平和合理的清算秩序，并通过相关责任制度的建立和完善，来保障公司清算的公正，没必要直接介入公司的具体清算事务。因此，在一般情况下，公司实行普通清算。

但是，当公司实行普通清算发生显著障碍（如公司解散后公司在法定的时间内无法确定清算人或公司不为清算），或公司财产超过有不实之嫌时，就需有关政府机关或法院介入，以保障公司清算的正常进行。有公共权力（包括司法公权）的介入，是特别清算与普通清算相区别的主要特征。

依据我国《公司法》第一百八十四条的规定，特别清算主要适用于“有限责任公司的清算组由股东组成，股份有限公司的清算组由董事或者股东大会确定的人员组成。逾期不成立清算组进行清算的，债权人可以申请人民法院指定有关人员组成清算组进行清算。人民法院应当受理该申请，并及时组织清算组进行清算”。

三、清算组的产生和职权

在公司解散后，清算终结前，公司股东会仍然存在，董事会则失去其地位，由清算人取而代之，执行具体的清算事务，由于清算人执行清算事务，故又特称清算机关，在我国《公司法》中被称为清算组。

1. 清算组的法律地位

公司清算组一旦被选定或被法院指定，则公司所有董事、经理和代理人的职位即自动终止；但是如果公司解散是自愿性解散，则公司清算组的选定并不使股东大会和监事会的职权丧失，他们仍可在清算范围内行使自己的职权。即使在强制解散的情况下，清算组也仍然是在为公司股东、债权人的利益而行使权力，也可以视为公司股东和债权人的共同委托人。

2. 清算组的产生

依据《公司法》第一百八十四条的规定，公司应当在解散事由出现之日起15日内成立清算组，开始清算。有限责任公司的清算组由股东组成，股份有限公司的清算组由董事或者股东大会确定的人员组成。逾期不成立清算组进行清算的，债权人可以申请人民法院指定有关人员组成清算组进行清算。

3. 清算组的职权

公司清算组享有为实现清算目的所需要的广泛的权力，此种权力分为一般性权力和受限制的权力。

所谓一般性权力是指《公司法》为确保清算组职责的充分实现而赋予他们的各种

广泛性的权力，如出卖公司财产、收受公司债权、任命代理人来完成自己不能亲自完成的事务，以及从事为公司解散和财产分配所必须的其他行为。

而受限制的权力，是指在公司强制性解散中，公司某些权力的行使应当得到法院或行政机关的同意，这些权力通常包括：以公司名义提起诉讼或以公司名义应诉；为了更好地完成公司清算而继续经营公司的事业；同那些向公司提出请求权的人和解等。

我国《公司法》第一百八十五条规定，清算组的具体职权包括：

（1）清理公司财产，分别编制资产负债表和财产清单；

（2）通知、公告债权人；

（3）处理与清算有关的公司未了结的业务；

（4）清缴所欠税款以及清算过程中产生的税款；

（5）清理债权、债务；

（6）处理公司清偿债务后的剩余财产；

（7）代表公司参与民事诉讼活动。

四、清算组的义务

清算组作为公司的执行机关或公司股东和债权人的委任人，其负有与公司董事相同的诚信义务，包括注意义务和忠实义务。

所谓注意义务是指清算人在履行自己职责和行使自己权力的过程中，应对公司、公司的股东和债权人承担适当和合理履行职责和行使权力的义务，如果清算人没有尽到此种义务，则公司、公司股东或公司债权人有权要求清算人对自己的损失承担赔偿责任。

所谓忠实义务，是指清算人在履行自己职责和行使自己权力的过程中，必须最大限度地维护公司、公司股东和债权人的利益，不得为自己谋取私利。

我国《公司法》第一百九十条规定：“清算组成员应当忠于职守，依法履行清算义务。不得利用职权收受贿赂或者其他非法财产收入，不得侵占公司财产。清算组成员因故意或重大过失给公司或债权人造成损失的，应当承担赔偿责任。”《公司法》第二百零七条特别规定：“清算组不依照本法规定向公司登记机关报送清算报告，或者报送清算报告隐瞒重要事实或者有重大遗漏的，由公司登记机关责令改正。清算组成员利用职权徇私舞弊、谋取非法收入或者侵占公司财产的，由公司登记机关责令退还公司财产，没收违法所得，并可以处以违法所得一倍以上五倍以下的罚款。”

五、清算程序

根据我国《公司法》规定，公司清算的程序主要包括：

1. 确定清算人或成立清算组

《公司法》第一百八十四条规定，当公司解散后15日内应成立清算组，逾期不能组成清算组进行清算，债权人可以申请人民法院指定清算人。

2. 通知及公告债权人

根据我国《公司法》第一百八十六条规定，清算组应当自成立之日起10日内通知债权人，并于60日内在报纸上公告。

3. 债权申报

债权人应当自接到通知书之日起30日内，未接到通知书的自公告之日起45日内，向清算组申报其债权。债权人申报债权，应当说明债权的有关事项，并提供证明材料。清算组应当对债权进行登记。

4. 清理公司财产

清理公司财产包括：（1）及时收回公司债权。对收回有争议的，可以提起诉讼或者申请仲裁，若遇债务人破产或者清算，清算人应以公司名义申报债权，对于无法收回的债权，应向股东说明原因，并提出处理方案。（2）限期追缴。股东在清算开始后仍未缴足其认缴的出资。（3）及时变卖。若不及时变卖将无法挽回损失的清算财产。（4）分别编制资产负债表和财产清单。（5）制订清算方案报公司股东会或清算主管机关确认。

5. 分配公司清算财产

按照《公司法》有关规定，公司财产能够清偿公司债务的，应当依下列顺序处分公司财产：

（1）支付各项清算费用。包括清算组成员和聘请工作人员的报酬；清算财产的管理、变卖及分配所需费用；清算过程中支付的诉讼费用、仲裁费用及公告费用；清算过程中维护债权人、股东的合法权益支付的其他费用。

（2）支付职工工资和劳动保险费用。

（3）缴纳所欠税款。

（4）清偿公司各项债务。由于公司即将终止，公司未到期的债务也应予以清偿，但应当减去未到期的利息。

（5）向股东分配剩余财产。其中股份有限公司按股东持有的股份比例，有限责任公司按股东的出资比例进行分配。如果公司章程中有特别规定且不违反法律行政法规强制性规定的，例如对发起人或优先股股东有优先分配约定的，应按照章程的规定进行。

6. 清算结束

《公司法》第一百八十九条规定，公司清算结束后，清算组应当制作清算报告，报股东会或者有关主管机关确认，并报送公司登记机关，申请注销公司登记，公告公司终止。不申请注销登记的，由公司登记机关吊销公司营业执照并予以公告。清算报告经确认后，应当视为已解除清算组的责任。

第三节　与公司解散、清算相关的特殊问题

一、清算期间公司的法律地位

关于清算公司的法律地位，理论界主要有三种观点：

（1）拟制存续说。即公司因解散而丧失权利能力，不得从事其经营范围所决定的活动，但由于法律的拟制使公司在清算的目的范围内享有权利能力，从法人解散到清算完结，在此阶段视为法人仍然存续。

（2）清算法人说。即公司因解散而消灭其主体资格，但由此又会导致财产成为无主财产。因此，法律专为公司的清算目的而设立了一种清算法人，这种法人的能力是特殊的，不再享有原法人的能力，原法人的能力也因解散而消灭，不再转移给新法人。

（3）同一人格说。即清算公司与解散前的公司在本质上是相同的，只不过是权利能力范围的缩小而已。由于清算法人说不能说明既然因为公司解散而消灭其法人资格，为什么清算结束后才进行注销登记，同时也不能说明专为清算目的而设立的清算法人其名称、住所、组织机构、财产等条件是否具备；而拟制存续说则把法人解散后在清算过程中了结以前形成的权利义务关系这一本来就有的权利认为是拟制的权利，显然失之偏颇，所以学界较为认同的是“同一人格说”理论。

我们认同“同一人格说”，即认为清算期间公司法人资格并未丧失，仍然依法具有权利能力，而且应该以自己的名义开展相应的活动，只是其权利能力受到限制，只能从事与清算有关的活动。

二、公司营业执照被登记机关吊销与公司法人资格消亡

公司营业资格与公司的法人资格具有关联性，但并不具有等同性。公司资格可分为法人资格和营业资格。前者是公司作为民事主体的资格，后者是公司开展经营活动的资格。当公司因违反法律、行政法规规定，被公司登记机关吊销营业执照，其结果只能是导致公司失去其经营资格，其目的在于停止公司营业，不允许其继续进行新的营业，它只是公司解散的原因，但并不导致公司的终止。因此，吊销营业执照并没有剥夺公司的法人主体资格。被吊销营业执照的公司应宣布解散，并组织清算。但在该清算完结之前，其法人资格并没有消亡。因此，在司法实践中，司法机构以公司营业执照已被吊销，不具备主体资格为由拒绝案件的受理，同样是极不恰当的，至少也反映出对清算中公司法律地位的模糊认识。

三、清算义务人未履行组织清算义务的法律责任

清算义务人是当公司解散时，对公司和债权人负有组织清算义务的人。清算义务人不同于清算人，清算人是清算事务的执行人，是清算中公司的执行机关，而公司清算义务人，是负有组织清算义务的人，其可能直接实施清算（此时与清算人身份重叠），也可能不直接担任清算人，而是确定他人担任清算人。

根据《公司法》第一百九十条规定的立法精神，当公司解散后，公司股东不履行清算义务，逃避债务，致使债权人利益受损的，清算义务人应对受损的债权人负损害赔偿责任。受损的债权人可以股东为被告提起损害赔偿的民事诉讼。

不过，清算义务人怠于履行清算义务应在什么范围内承担责任，承担什么责任的问题，在理论和实践中还有较大的争议。

一种观点认为，只要清算义务人不履行法定的清算义务，就当然要承担解散公司的全部债务。

另一种观点认为，怠于清算的清算义务人只有在债权存在损失的情况下才承担责任。

我们认为，清算义务人怠于履行清算义务的损害赔偿责任其性质无疑属于侵权责

任，应符合侵权责任的基本构成要件。由于清算义务人不履行法定清算义务与债权人的债务实现并无必然的因果关系，清算义务人怠于履行清算义务，对债权人造成损失只是一种可能性，并不当然造成损失，所以清算义务人损害赔偿的范围应以公司债权人的债权受到实际损失为限，而不应就原公司的所有债务都无条件地承担清偿义务。其承担责任的根据在于，公司债权人债权损失与清算义务人怠于履行清算义务的不作为行为之间具有因果关系，因为这种损失是由清算义务人的不作为导致的解散公司的财产因管理不善或不予管理而流失、贬值、毁损造成的，因此，这种不作为是一种间接地对债权人的侵权行为。

对于清算义务人未履行组织清算义务的法律责任，在实践中可根据不同情形作出不同的处理：

（1）当公司的财产为清算义务人擅自私分、毁损或非法转移，致使公司的债权人债权无从实现，清算义务人应就债权人不能实现的债权承担连带赔偿责任。

（2）清算义务人虽然没有履行清算义务但公司财产尚未被肢解，仍保管完好，应以公司的现有财产进行清偿，清算义务人仅就怠于履行清算义务给债权人受损的部分承担责任，其属于补充责任性质。因为按照公司法人的性质，公司作为独立法人应以其全部财产独立承担责任，解散公司即使未经清算而办理了注销登记手续，解散公司法人仍是实际上的债务主体，在其财产无损的情况下应独立承担责任，但清算义务人应对财产的完整性负举证责任，法院也须对有关证明材料的真伪严加辨别。

（3）清算义务人提供虚假证明，在解散公司未有清偿债务的情况下，谎报其债权债务已经清理完毕，骗取公司登记机关的注销登记。由于清算义务人的欺骗行为直接导致了解散公司的法人资格的消灭，债权人对该注销公司所享有的债权不能实现的直接原因是清算义务人的虚假陈述行为，正是该种行为侵害了债权人的可受偿的财产权益。因此，清算义务人应作为直接责任人，对该解散公司的债务承担连带赔偿责任。

（4）清算义务人或其他民事主体在办理公司法人注销登记时，虽未经清算，但对该解散公司未了债务作出清偿承诺的，清算义务人或其他民事主体就应该按照承诺履行义务。因为尽管公司的实际债务主体是已经解散的公司，但法律并不限制第三人主动加入到债务承担中来，这种承诺体现的是民事权利自由处分原则，是有效的民事法律行为，在法律上产生了继受、转移债务的法律后果，只要债权人认可这种行为，债务承受者就应承担责任。

需说明的是，当清算义务人以第三人承诺公司债权债务由其承担的保证办理了公司法人注销登记手续的，公司第三人应在承诺范围内承担直接的债务清偿责任，不能完全清偿的债务，清算义务人仍应在实际损害范围内承担连带赔偿责任。

第十三章

外国公司的分支机构

WAIGUO GONGSI DE FENZHI JIGOU

第一节　外国公司及其分支机构概述

一、外国公司

外国公司是相对于本国公司而言的，两者区分的关键在于公司国籍的不同。关于公司国籍的确立，理论上有不同的标准和学说。如公司设立准据法，即公司是依据哪个国家法律设立的，就具有哪个国家的国籍；如公司住所地法，即公司住所地在哪个国家，就具有哪个国家的国籍，该标准又被称为营业地中心标准；如公司成立地法，即公司在哪个国家登记成立的，就具有哪个国家的国籍；如股东国籍法，即以公司股东或大多数股东的国籍，确定公司的国籍。目前大多数国家都不是以单一的标准来认定外国公司。

根据我国《公司法》第一百九十二条规定："本法所称外国公司是指依照外国法律在中国境外设立的公司。"从该规定我们可以看出外国公司的衡量标准是以设立准据法和成立地法为标准，而不考虑其股东身份、经营范围、存续时间等因素，也无须中国政府的认可，只要具备了以上两个条件，即为外国公司，在不违背我国法律强制性规定的前提下，有权申请在中国境内设立分支机构。

二、外国公司分支机构

为了推动我国对外经济交流与合作，为了规范在华外国公司的经营行为，我国《公司法》以专章的形式对"外国公司的分支机构"的有关法律问题作出了规定。根据我国《公司法》第十一章的规定，我们可以说所谓外国公司的分支机构，是指外国公司依照我国法律在中华人民共和国境内设立的不具有法人资格的从事商事活动的附属实体。外国公司的分支机构具有以下几个方面的特征：

1. 外国公司分支机构是以外国公司的存在为前提。外国公司的分支机构是外国公司不具有法人资格的附属经济实体，因此分支机构不能独立于外国公司而存续。如外国公司破产、解散的话，该外国公司设立的分支机构也要随之撤销、清算。

2. 外国公司分支机构必须依照我国公司法律法规设立。外国公司不能随意决定在中国设立分支机构，必须经我国政府主管部门许可，并办理注册登记手续，领取营业执照后，方可在我国开展业务。

3. 外国公司分支机构是以营利为目的而从事商事活动的组织。任何公司都是以营利为目的的，外国公司在我国开设分支机构无非是出于利益最大化的考虑。如果不是以此为出发点，而是以政治等为考虑因素的，我国政府主管部门将驳回申请，不予许可。

4. 外国公司分支机构是在中国境内设立和从事经营活动的。如果外国公司无意在中国境内从事生产经营的，将不能在中国境内设立分支机构。

外国公司的分支机构不同于外国企业常驻代表机构，也不同于外商投资企业。外国企业常驻代表机构是外国公司、企业或其他经济组织派驻中国境内的办事机构，虽然它也是非独立核算的非法人组织，但它仅仅代表其所属公司、企业或其他经济组织，在中国境内从事一定业务范围的联络、咨询服务工作，是不直接从事经营活动的实体。外商投资企业是在中国境内设立的，属于中国企业，一般具有独立的法人资格，能以自己的名义从事商事活动，并能独立承担民商事责任。

三、外国公司分支机构的法律地位

我国《公司法》第一百九十六条规定："外国公司在中国境内设立的分支机构不具有中国法人资格。外国公司对其分支机构在中国境内进行经营活动承担民事责任。"该条规定明确了外国公司分支机构在我国的法律地位，具体表现如下：

1. 外国公司分支机构不具有独立的法人资格。外国公司分支机构与外国公司的关系相当于总公司与分公司的关系。外国公司分支机构无论是采用办事处、代表处、营业所、联络处或其他什么形式，其法律性质没有变化。外国公司分支机构没有自己独立的财产和意志，不具有独立对外承担责任的能力，不能以自己名义从事各项业务活动。外国公司分支机构在中国从事一切商事活动而引发的民事责任，都由设立分支机构的外国公司承担。

2. 在一定范围内外国公司分支机构具有民商事诉讼主体资格。外国公司分支机构没有独立法人资格，理论上讲在其业务活动过程中，与其他民事主体发生纠纷时，应当是以设立分支机构的外国公司为诉讼主体，但这样显然可能会给司法实务操作带来一些麻烦。实际上在一定范围内，如外国公司授权范围内，外国公司分支机构具有诉讼主体资格。我国《民事诉讼法》规定:“公民、法人和其他组织可以作为民事诉讼的当事人。”根据《最高人民法院关于适用〈中华人民共和国民事诉讼法〉若干问题的意见》,“其他组织”包括“法人依法设立并领取营业执照的分支机构”。按照我国《公司法》规定,外国公司分支机构具有与其经营活动相适应的资金,也就是说外国公司分支机构也有一定的责任承担能力。

第二节　外国公司分支机构的设立

外国公司分支机构的设立,是指外国公司依照我国法律规定的条件和程序,在中国申请设立分支机构的一系列相关法律行为的总和。

一、外国公司分支机构的设立条件

外国公司要在中国设立分支机构,应当具备如下条件:

1. 外国公司需提供相关的证明文件。外国公司在中国境内申请设立分支机构,必须提交包括公司章程、所属国的公司登记证书等足以反映该公司真实情况和合法资格的证明文件。其公司章程应当置备于该分支机构,供利害关系人随时查阅。

2. 分支机构的名称。外国公司分支机构的名称中,必须标明该外国公司的国籍及责任形式。

3. 分支机构的代表人或代理人。外国公司必须在中国境内指定负责该分支机构的代表人或者代理人,我国法律并非限定该代表人或代理人必须是中国公民,但有的国家规定外国公司分支机构的代表人或代理人必须在东道国有住所,如瑞士、法国等国家。

4. 分支机构的经营资金。外国公司必须向其在中国境内的分支机构拨付与其所从事的经营活动相适应的资金。我国《公司法》这样规定,可以在一定程度上保护公司实际或潜在债权人的合法利益。

二、外国公司分支机构的设立程序

1. 设立的申请

我国《公司法》第一百九十三条规定，外国公司在中国境内设立分支机构，必须向中国主管部门提出申请，并提交公司章程等证明文件。经批准后，向公司登记机关依法办理登记，领取营业执照。本条第二款紧接着规定，外国公司分支机构的审批办法由国务院另行规定。在国务院出台新规定前，仍应运用国务院《关于管理外国企业长驻代表机构的暂行规定》。依照该规定，属于贸易商、制造商、货运代理商的申请由对外经济贸易合作部受理；属于金融业、保险业的申请，由中国人民银行办理；属于海运业、海运代理商的申请，由交通部受理；属于航空运输业的申请，由民航总局受理；属于其他行为的申请，按照其业务性质，分别由其他的主管部、委、局受理。

申请时，应当提交以下证明文件：（1）该外国公司的公司章程、所属国的公司登记证书等有关文件；（2）该外国公司在中国境内指定的代表人或代理人的姓名、住所及其有关身份证明文件；（3）该外国公司向其分支机构拨付经营资金的证明；（4）该外国公司最近几年经注册会计师审计或验证的财务会计报表等。

申请书的主要内容包括：（1）外国公司的概况，包括公司名称、法定地址、公司成立日期、法定代表人姓名和国籍、公司经营范围、资产额、注册资本等；（2）拟在中国设立的分支机构，包括分支机构的名称、地址、投资总额、经营范围、经营期限；（3）该公司必须遵守中国法律的条款。

2. 审批

依照我国《公司登记管理条例》的规定，我国公司的分支机构即分公司的登记，原则上采取准则主义，公司在作出设立分公司的决定后，即可向公司登记机关申请登记；但对于依法律、行政法规规定须报经有关部门审批的，则采取许可主义。对于外国公司分支机构的设立，我国《公司法》规定一律实行许可主义。外国公司设立分支机构，由我国政府有关主管部门审核批准。审批机关在接到申请之日起 90 日内决定是否批准。

3. 登记

外国公司在中国境内设立分支机构的申请获得中国主管机关批准之后，申请人凭批准文件，并提交公司登记所需的有关文件，向公司登记机关办理登记手续，领取营业执照。登记机关为工商行政管理机关。

外国公司分支机构申请进行设立登记时应提交下列文件：（1）申请在中国设立分

支机构的外国公司法定代表人签署的登记申请书；(2) 提出该申请的外国公司章程及所属国已为登记的证明书；(3) 我国有关主管机关批准该外国公司在中国设立分支机构的批准文件；(4) 外国公司分支机构的营业场地使用证明；(5) 其他有关文件。

外国公司分支机构的登记事项，通常应包括：(1) 外国公司分支机构的名称；(2) 外国公司分支机构的所属公司的国籍；(3) 外国公司分支机构的住所或营业所所在地；(4) 外国公司分支机构用于经营活动的资金数额；(5) 外国公司分支机构的负责人姓名；(6) 外国公司分支机构的业务范围；(7) 外国公司分支机构的经营期限。

外国公司分支机构应自开业之日起 30 日内依法到税务机关办理税务登记。外国公司擅自在中国境内设立分支机构的，责令改正或关闭，可以并处 5 万元以上 20 万元以下的罚款。

第三节　外国公司分支机构的权利与义务

我国《公司法》第一百九十七条规定："经批准设立的外国公司分支机构，在中国境内从事业务活动，必须遵守中国的法律，不得损害中国的社会公共利益，其合法权益受中国法律保护。"根据此规定，外国公司分支机构依法成立后，即可以在中国境内从事商事经营活动，其合法权益受中国法律保护，同时外国公司分支机构要遵守中国法律，履行相应的义务，不得损害社会的公共利益。

一、外国公司分支机构享有的权利

1. 在中国境内从事商事活动的权利。外国公司分支机构依法成立，并领取营业执照后，即取得与中国公司分公司类似的法律地位，如外国公司分支机构经批准，可以以外国公司名义，在中国购买办公用房；外国公司分支机构可以在核准的范围内从事生产经营活动等。

2. 其合法权益受到中国政府和法律的保障。切实保障外国公司分支机构在我国的合法权益是中国政府应履行的职责；不侵犯外国公司分支机构的合法权益是中国政府、公民、法人和其他团体、组织的义务。外国公司分支机构的合法权益在我国受到不法侵害后，可以寻求中国法律的保护和救济。

3. 外国公司分支机构将其在中国的合法获益转移给该外国公司的权利。外国公司在中国设立分支机构大多是处于追逐利益的考虑，只要是外国公司分支机构在中国的合法收益，都应当允许分支机构在一定时期内将其移转给该外国公司。我国《公司法》第一百九十八条就规定，外国公司依法清偿了其分支机构的债务后，可以将其分支机构的财产移至中国境外。

4. 可以享受中国政府有关鼓励外商投资优惠政策的权利。我国为了吸引外国投资、吸收国外先进技术和管理经验，给予外商投资企业很多优惠政策。这些优惠政策给予外商投资企业的甚至是“超国民待遇”，作为外国公司的分支机构同样可以享受其中的许多优惠政策。

二、外国公司分支机构的义务

1. 外国公司分支机构必须遵守中国的法律，履行相应的义务。这里的法律应当做广义的理解，除了全国人大制定的法律外，还应包括行政法规、部门规章以及地方性法规、地方规章。法律规定的外国公司分支机构的义务包括很多方面，比如外国公司分支机构必须遵守《公司法》的有关规定，不得在中国境内经营非法事项；外国公司分支机构应当遵守我国环境保护的法律法规，不得污染、破坏中国的环境；外国公司分支机构应当遵守我国税收征收管理的法律规定，依法纳税；我国在国际交往中奉行的是对等主义原则，如果该外国公司的国籍国对中国公司在其境内活动予以限制的，我国也会作出相应的限制，如不准中国公司分支机构在其境内融资、募债的，该外国公司分支机构也不得在中国境内融资、募债。

2. 外国公司分支机构不得损害中国的社会公共利益、善良风俗。社会公共利益是世界上任何一个国家的法律保护的重心，善良风俗是一个国家、一个民族在长期共同生活中逐渐形成的，社会成员公认的价值理念、道德观。外国公司及其分支机构绝对不能损害中国的社会公共利益、善良风俗，否则将会受到严厉惩处。

3. 外国公司分支机构被撤销时，必须清偿合法债务。根据《公司法》第一百九十八条的规定，外国公司撤销其在中国境内的分支机构时，必须依法清偿债务，并依照《公司法》有关公司清算程序的规定进行清算。未清偿债务之前，不得将其分支机构的财产移至中国境外。

4. 外国公司分支机构必须有外国公司指定的代表人或者代理人，并有与其从事的经营活动相适应的资金。该义务实际上是外国公司分支机构在中国开展商务活动的最低要求之一。该指定的代表人或代理人若有更换或离境时，必须另行指定代表人或代理人并将其姓名、国籍、住所或居所，向主管机关登记，在申请登记时应同时附送授权证书或委托书。

5. 外国公司分支机构应当在其名称中标明该外国公司的国籍及责任形式，并将该外国公司章程备置在分支机构中。我国《公司法》第一百五十九条的规定主要是保障外国公司分支机构的实际或潜在债权人的利益的。

第四节　外国公司分支机构的撤销与清算

一、外国公司分支机构的撤销

外国公司分支机构的撤销是指解散已经成立的外国公司分支机构，终止其在中国的业务活动的法律行为。导致外国公司分支机构被解散、撤销的原因，主要有两类，一类是外国公司主动撤销设立在中国的分支机构，另一类是因中国政府的强制命令而引发的撤销，具体包括如下几种情形：

1. 外国公司自行决定撤销其分支机构。当外国公司达到了在我国开设分支机构的预期目标；外国公司的分支机构发生严重亏损，该外国公司无意再继续经营在中国的分支机构；外国公司的分支机构在中国遭受意外事件或不可抗力，无法继续经营的；外国公司分支机构的经营期限届满的，设立分支机构的外国公司就可以自行向我国政府主管部门提出申请，撤销该分支机构。

2. 违法设立的外国公司分支机构被依法撤销。根据我国《公司法》第二百一十三条的规定："外国公司违反本法规定，擅自在中国境内设立分支机构的，由公司登记机关责令改正或者关闭，可以并处 5 万元以上 20 万元以下的罚款。"这里所说的"关闭"，就是强制撤销。

3. 外国公司分支机构无故停业而被撤销。根据我国相关法律、法规的规定，外国公司的分支机构经核准登记成立后，无正当理由超过6个月未开业，或开业后自行停业6个月以上的，公司登记机关可依法吊销其营业执照。

4. 外国公司分支机构因违法经营而被撤销。外国公司分支机构在我国境内开展商事活动中，如果违反我国有关海关、税务、环保、金融、劳保等法律法规，情节严重的，将可能被有关部门责令解散或撤销。

5. 设立分支机构的外国公司破产、解散的，其在中国的分支机构，随之撤销。“皮之不存，毛将焉附”，外国公司分支机构本身就是外国公司的附属部门，外国公司不存在，其组成部分自然也将丧失能力。在这种情况下分支机构被撤销的，其民事责任将由设立它的外国公司承担。

二、外国公司分支机构的清算

外国公司分支机构的清算是指外国公司分支机构被撤销时，清理、了结其债权债务关系的法律行为。为了防止外国公司借其分支机构解散或被撤销之机，转移财产、逃避法定或约定的义务，我国《公司法》特别规定外国公司分支机构被撤销时的清算制度，并明确未清偿债务之前，不得将其分支机构的财产移至中国境外。因此，外国公司分支机构的清算对于保障债权人的合法权益有着十分重要的意义。

外国公司分支机构的清算程序与公司清算程序极为相似，最大的不同是没有剩余财产的分配问题，因为外国公司分支机构在清偿债务后的剩余财产的所有权是属于外国公司的，不存在股东间的合理分配问题。因为前一章中对公司的清算程序已经有了较为详尽的论述，这里只是将公司分支机构的清算程序简单列举如下：

1. 成立清算组，负责清算相关事项。外国公司分支机构被撤销的，应当在撤销事由出现之日起15日内成立清算组，开始清算。

2. 清算组通知债权人进行债权申报。清算组应当自成立之日起10日内通知债权人，并于60日内在报纸上公告。债权人应当自接到通知书之日起30日内，未接到通知书的自公告之日起45日内，向清算组申报其债权。债权人申报债权，应当说明债权的有关事项，并提供证明材料。

3. 制订清算方案，清理、了结债权债务。清算组在清理公司财产、编制资产负债表和财产清单后，应当制订清算方案。清算方案要报我国有关主管部门确认。外国公司分支机构的财产在分别支付清算费用，职工工资和社会保险费用，交纳所欠税款、清偿公司债务后，仍有剩余的，归设立该分支机构的外国公司所有，如分支机构的财产不足以支付上述几项费用、债务的，由设立该分支机构的外国公司承担连带清偿责任。

4. 结束清算，办理分支机构注销登记。外国公司分支机构清算结束后，清算组应当编写清算报告，提交给有关主管部门确认，并报送外国公司分支机构登记机关，申请注销登记，公告外国公司分支机构终止。

第十四章

公司法律责任

GONGSI FALü ZEREN

第一节　法律责任的概念及其特征

一、法律责任的含义

法律责任是一种责任类型，我们首先来看一下责任的含义。责任是一个多义词。在古代汉语中，“责任”由“责”、“任”两字组成。责的意思是：①责任，负责；②谴责，诘问，责备；③处罚，责罚，加刑；④求，索取；⑤要求，督促。任的含义很多，其中包括：①任用；②职位；③责任，职责；④担当，承担；等等。[注：《辞海》（缩印本），上海辞书出版社，1980 年，第 1220 页，第 219 页；《辞源》（第四册），商务印书馆，1983 年，第 2951 页。] 在现代汉语中，责任一词有两个彼此联系的含义：①分内应做的事，如尽责任、岗位责任、职责；②没有做好分内的事，因而应当承担的过失，如追究责任。（注：《现代汉语词典》，中国社会科学院语言研究所词典编辑室编，商务印书馆，1985 年，第 1444 页。）

法律责任作为一种法律后果，从违法者角度说，是其依法应当承担的不利后果。它要求违法者交付一定的财物，为一定的行为，或不为一定的行为，或者接受一定的警戒。意思是说使违法者丧失或减少其既得的某种合法或非法利益；从国家和社会角度讲，法律责任则是对违法行为的一种法律否定。它从反面告诉人们必须守法，不得违法，从而起到预防违法行为的效果。

公司作为市场的主体，尤其是现代企业制度对市场经济的发展起了很大的作用。但在我国公司这一形式曾被不法之徒肆无忌惮地滥用（如各式各样的皮包公司），以至出现了史无前例的“公司热”、“股份热”。不仅混淆了公司与其他企业和组织的基本界限，而且还产生了政企不分、官商不分、虚报注册资本、虚假出资、抽逃资金、擅发股票、虚假记账、商业欺诈等严重问题，造成了我国经济秩序的混乱。有鉴于此，国家立法机关在《公司法》第十二章对法律责任作了专章规定，一共 18 个条文。国务院发布的《公司登记管理条例》对违反《公司法》的行政责任又作了具体的规定。为了维护社会经济秩序，保护公司的合法权益，惩治违反《公司法》的犯罪行为，第八届人大常委会十二次会议又通过了《关于惩治违反公司法的犯罪的决定》。1997 年 3 月 14 日第八届全国人大五次会议修订的《刑法》在第二编分则的第三章破坏社会主义市场经济秩序罪的第三节又专门规定了妨害对公司、企业的管理秩序罪，从而进一步完善了我国公司法律责任。

公司的法律责任有广义、狭义两种概念。广义的公司法律责任是指违反公司的法律规定所应承担的法律责任，既包括公司应承担的法律责任，也包括公司的发起人、股东、负责人、清算组以及有关机关、单位应承担的法律责任。狭义的公司法律责任则专指公司因违法行为而应承担的法律责任。本书采用广义的概念。这是因为，公司作为一种典型的企业法人制度，涉及许多既相联系又有区别的利益主体，强调凡违法者均应承担法律责任，有助于公司制度的健康发展。

二、公司法律责任的特征

公司法律责任是我国公司法律中一项极为重要的内容，是当事人违反公司法律法规应承担的不利法律后果的总称。具体来说，就是当事人在公司设立、存续、变更和终止过程中因违法所应承担的法律后果。公司的法律责任具有如下特点：

（一）强制性

这是法律责任最明显的特征。公司及相关当事人的行为是否违法，违法程度如何，应承担何种法律责任，必须由国家专门的机关进行确认，由国家专门的机关强制追究。被追究的公司和个人必须服从，不得阻碍、拒绝，更不得隐瞒真相或伪造证据。法律责任的追究是以国家的强制力保证其实施的，其他任何个人、团体或没有法定权限的机关都不得追究当事人的法律责任。

（二）法定性

我国《公司法》对违反者应承担的法律责任作了明确规定。这就是要求行政机关、司法机关在追究违法者的法律责任时，一定要严格按照法定的条件、程序和规则进行。否则，有关当事人有权拒绝承担。我国法律对违法者应承担的法律责任的条件、种类、量刑、处罚及先后顺序等都作了规定，从而使法律责任的追究更具操作性。

（三）条件性

追究法律责任必须具备一定的法律要件，一般来讲，追究法律责任必须符合四个要件：（1）要有违法行为；（2）要有损害事实；（3）违法行为和损害事实之间须有因果关系；（4）行为人有主观过错。只有同时具备这四个要件，才能让其承担法律责任。

（四）综合性

我国法律规定的公司法律责任不是单一的民事责任，也不是单一的行政或刑事责任。而是民事责任、行政责任和刑事责任形式的有机统一。

三、法律责任的种类

按责任性质的不同，公司法律责任可以划分为民事责任、行政责任和刑事责任三种类型。按承担责任主体的不同，公司法律责任可划分为：（1）发起人、股东、实际控制人的法律责任；（2）公司的法律责任；（3）公司高管的法律责任；（4）清算组、破产管理人的法律责任；（5）有关专业性机构（资产评估、验资或验证机构、律师所等）的法律责任；（6）公司、证券业主管机关的法律责任；（7）外国公司的法律责任；（8）其他主体的法律责任。

第二节　公司法律责任的形式

一、民事责任

（一）民事责任的含义与特征

民事责任就是指民事法律关系的主体未履行法定或约定的义务所应承担的法律责任。具体来说，民事责任是公民、法人、其他组织违反民事合同义务或者不履行其他义务，侵犯国家、集体的公共财产和其他法人、组织、公民的人身权利和财产权利而应承担的法律后果。根据我国立法规定，公司从事生产经营活动，必须遵守国家的法律、行政法规和规章，遵守公认的商业道德，接受国家和社会的监督。公司是具有民事权利能力和民事行为能力的企业法人，依法独立享有民事权利，承担民事义务。民事责任一般具有以下几个特点：

第一，民事责任主要表现为财产责任。

民法调整的社会关系主要是财产关系。通过对财产所有关系、共有关系、相邻关系、债权债务关系、财产继承关系的法律调整，来维护社会主义市场经济的正常秩序。与此相适应，民事责任主要表现为财产责任。

民事责任主要表现为财产责任，并不是说所有的民事责任都采用经济上的方法解决。事实上，民事责任除运用财产责任外，并不排除其他责任形式。尤其是对人身权利的侵害，对没有造成经济损失的，一般则采用停止侵害、消除影响、赔礼道歉等非财产责任形式解决。因为人身关系并不像财产关系那样都可以用金钱来衡量。

第二，民事责任是违反民事义务所应承担的法律责任。

违反民事义务是承担民事法律责任的前提和基础。只有当公民、法人、其他组织违反民事义务，如违反合同约定或侵害他人人身和财产权益时，才追究其民事责任。没有违反民事义务，就不应承担民事责任。

第三，民事责任是适用于平等主体之间的一种法律责任。

（二）民事责任的类型

民法是调整平等主体之间的财产关系和人身关系的基本法，遵循的是平等、自愿、公平、等价有偿、诚实信用的原则。因此，民事责任主要是适用于平等主体之间的一种以等价、补偿为主的法律责任。

依据责任性质的不同，民事责任主要有两种类型，一是违约责任，二是侵权责任。违约责任即违反合同义务所应承担的民事责任；侵权责任即侵害国家、集体财产，侵害法人、其他组织和公民个人的财产权利和人身权利所应承担的民事责任。

（三）民事责任的承担方式

根据我国有关法律的规定，承担民事责任的方式主要有停止侵害、排除妨碍、消除危险、返还财产、恢复原状、修理、重作、重换、赔偿损失、支付违约金、消除影响、恢复名誉、赔礼道歉等形式。

二、行政责任

（一）行政责任概念与特征

一般来说，行政责任就是指行政法律关系主体因实施行政违法行为所应承担的法律责任。具体来说，行政责任就是国家行政机关依照行政法律规范对违法的组织或个人所给予的行政处罚和行政处分。

所谓行政处罚就是国家行政主管机关依法对社会上尚不够刑事处罚的行为所给予的行政制裁。根据我国《行政处罚法》第八条的规定，行政处罚的种类为：（1）警告；（2）罚款；（3）没收违法所得、没收非法财物；（4）责令停产停业；（5）暂扣或者吊销许可证、暂扣或者吊销执照；（6）行政拘留；（7）法律、行政法规规定的其他行政处罚。

所谓行政处分则是国家行政机关按照行政隶属关系，对违法人员所给予的纪律制裁。根据我国有关规定，行政处分的种类为：（1）警告；（2）记过；（3）记大过；（4）降级；（5）降职；（6）撤职；（7）留用察看；（8）开除。

行政责任同民事责任相比，主要具有下列特征：

（1）行政责任必须由专门的行政机关依法追究。只有国家行政主管机关才能追究当事人的行政责任，其他单位、个人都无权追究有关人员的行政责任。而且行政机关必须以法律规定的职责、条件、程序和规则进行。否则，就没有法律效力。

（2）行政责任必须以违反行政义务为前提。行政义务是行政法律关系的内容，行政法律关系主体之间具有隶属性，是一种管理与被管理的关系，同民事法律关系的平等协商性形成了鲜明的对照。当行政义务主体之间不履行法定行政义务时，必然会损坏国家的行政管理活动，破坏行政管理秩序。因此，追究行政责任必须以当事人违反行政义务为前提。

（3）行政责任是具有惩戒性质的法律责任。行政违法行为的社会危害性虽然不如犯罪行为那么严重，但却比民事违法行为的社会危害性要严重得多。因此，行政责任具有惩戒性，这同具有补偿性的民事责任是完全不同的。

（4）行政责任必须追究，不得随意变更或免除对方所负责任，但行政责任维护的是国家的行政管理秩序，当事人无权随意变更或解除，必须依法追究，否则，就是失职行为。

（二）违反公司法应承担的行政责任

我国股份有限公司立法违法者应承担的行政处分和行政责任都有规定，但主要是行政处罚的规定。其中，行政处罚的形式主要是：（1）责令改正；（2）责令限期改正；（3）责令停止；（4）责令退还；（5）责令如数补足；（6）责令关闭；（8）吊销资格证书；（9）吊销营业执照；（10）予以取缔；（11）予以罚款；（12）撤销公司登记。

三、刑事责任

（一）刑事责任的概念

刑事责任是国家审判机关对违反法律、情节严重、构成犯罪的行为的依照刑法所给予的刑罚处罚。从理论上讲，刑事责任是法律责任当中最为严厉的一种，也是最后一种。因为，犯罪是指一切危害国家主权、领土完整和安全，分裂国家、颠覆人民民主专政的政权和推翻社会主义制度，破坏社会秩序和经济秩序，侵犯国有财产或者人民群众集体所有的财产，侵犯公民私人所有的财产，侵犯公民的人身权利、民主权利和其他权利，以及其他危害社会情节严重的行为。对其采用的刑罚制裁方式，不仅可以剥夺犯罪人的财产，而且还可以剥夺其政治权利和人身自由，甚至剥夺生命。

（二）刑事责任的具体形式

在我国，刑罚分为主刑和附加刑两种。主刑有管制、拘役、有期徒刑、无期徒刑和死刑五种，附加刑则有罚金、剥夺政治权利和没收财产三种，附加刑也可以独立适用。

第三节　公司法律责任的具体内容

一、公司设立过程中的法律责任

（一）认股人的认股违约责任

发起人经批准依法向社会公开募集股份，不仅要公告招股说明书，而且要制作认股书。认股人决定认股时，依法应在发起人备妥的认股书上，填写所认股数、金额、认股人的住所，并签名、盖章。从法理上讲，认股书是一种格式合同，认股人一旦填写了认股书，就有按所认股数缴纳股款的义务。如果认股人未能及时缴纳股款，发起人有权催缴，在规定期限内仍没有按时缴纳，认股人即丧失其认股权。其所认的股份可由发起人另行募集。如果因此而给发起人、公司造成经济损失，还应承担相应的认股违约责任。

（二）发起人的设立责任

发起人是正在设立中的股份有限公司的代表，是公司的筹建负责人，在公司设立过程中有着非常特殊的地位和作用，股份有限公司的顺利设立，保护广大投资者的合法权益，我国《公司法》对发起人的设立责任作了明确规定。

1. 对债务和费用的连带责任。因为，当股份有限公司不能成立时，发起人对设立行为所产生的债务和费用负连带责任。正在设立中的公司没有权利能力，当公司未能成立时，发起人作为正在设立中的公司负责人，自应对其设立行为所产生的债务和费用承担连带责任。

2. 对返还股款加息的连带责任。当股份有限公司不能成立时，发起人对认股人已缴纳的股款，负返还股款并加算银行同期存款利息的连带责任。认股人在发起人制作的认股书上填写有关法定内容后，即同发起人之间建立了一种合同关系，如公司不能成立，发起人对认股人已缴纳的股款，自应负连带责任，即负返还股款并加算银行同期储蓄存款利息的连带责任。法律之所以规定这一连带责任，其目的就在于保护认股人的权益，防止发起人长期无偿占用认股人的资金，诈骗认股人的股款。

3. 对公司的损害赔偿责任。当股份有限公司依法成立后，如果经查实，发起人在公司设立过程中因其过失行为，对公司造成经济损害的，依法则应对公司承担赔偿责任。发起人是正在设立中公司的执行机关，又有适当的报酬，故依法应对设立公司尽“善良管理人之注意义务”。若有违反，必然要承担相应的赔偿责任。

4. 对公司的资本充实责任。根据《公司法》第九十四条规定：股份有限公司成立后，发起人未按照公司章程的规定缴足出资的，应当补缴；其他发起人承担连带责任。

股份有限公司成立后，发现作为设立公司出资的非货币财产的实际价额显著低于公司章程所定价额的，应当由交付该出资的发起人补足其差额；其他发起人承担连带责任。

（三）公司董事、监事、经理的损害赔偿责任

公司的董事、监事和经理公司的负责人，应当遵守国家法律、法规和公司章程，忠实履行自己的职责，维护公司的利益，而不能在执行职务时做有损于公司利益的事情。如果在执行职务时违法违章，给公司造成损害的，依法则应承担民事赔偿责任。《公司法》第二十条规定：公司股东滥用股东权利给公司或者其他股东造成损失的，应当依法承担赔偿责任。

公司股东滥用公司法人独立地位和股东有限责任，逃避债务，严重损害公司债权人利益的，应当对公司债务承担连带责任。

同时《公司法》第二十一条规定：公司的控股股东、实际控制人、董事、监事、高级管理人员不得利用其关联关系损害公司利益。违反前款规定，给公司造成损失的，应当承担赔偿责任。

（四）公司设立、登记中的行政责任

1. 办理公司登记时虚报注册资本、提交虚假证明文件或者采取其他欺诈手段隐瞒重要事实取得公司登记的，责令改正，对虚报注册资本的公司，处以虚报注册资本金额5%以上10%以下的罚款；对提交虚假证明文件或者采取其他欺诈手段隐瞒重要事实的公司，处以1万元以上10万元以下的罚款；情节严重的，撤销公司登记。

2. 公司的发起人、股东未交付货币、实物或者在未转移财产权，虚假出资，欺骗债权人和社会公众的，责令改正，处以虚假出资金额5%以上10%以下的罚款。

3. 未依法登记为股份有限公司，而冒用股份有限公司名义的，责令改正或者予以取缔，并可处以1万元以上10万元以下的罚款。

4. 公司成立后无正当理由超过6个月未开业的，或者开业后自行停业连续6个月以上的，由公司登记机关吊销其公司营业执照。

5. 公司登记事项发生变更时，未按照《公司法》及有关规定办理变更登记的，责令限期登记，逾期不登记的，处以1万元以上10万元以下的罚款。

6. 外国股份有限公司，擅自在中国境内设立分支机构的，责令改正或者关闭，并可处以1万元以上10万元以下的罚款。

（五）虚假出资或者抽逃出资罪及其刑事责任

1. 本罪的概念。虚假出资或者抽逃出资罪是指公司发起人、股东未依法交付货币、实物或者未转移财产权，虚拟出资，或者在公司成立后又抽逃其出资，数额巨大、后果严重或者有其他严重情节的行为。（1）本罪的犯罪主体为公司的发起人或者股东；（2）本罪在客观方面必须是虚假出资或者抽逃出资数额巨大、后果严重或者有其他严重情节；（3）构成本罪的行为必须是故意的，非故意不构成本罪。

2. 刑事责任。个人犯罪的，处5年以下有期徒刑或者拘役，并处或者单处虚假出资金额或抽逃资金金额2%以上10%以下罚金。单位犯本罪的，对单位判处罚金，并对其直接负责的主管人员和其他直接责任人员，处5年以下有期徒刑或者拘役。

（六）虚报注册资本罪及其刑事责任

1. 本罪的概念。虚报注册资本罪的指申请公司登记使用虚假证明文件或者采取其他欺诈手段虚报注册资本，欺骗公司登记主管部门，取得公司登记，虚报注册资本数额巨大、后果严重或者有其他严重情节的行为。（1）构成本罪的犯罪主体为申请公司登记的个人或单位；（2）该罪在客观方面必须同时具备虚报注册资本、骗取了公司登记、情节严重等要件；（3）该罪在主观方面必须是骗取公司登记为目的。

2. 刑事责任。申请公司登记的个人犯本罪的，处3年以下有期徒刑或者拘役，并处或者单处虚报注册资本金额1%以上5%以下罚金。单位犯本罪的，对单位判处罚金，并对其直接负责的主管人员和其他直接责任人员，处3年以下有期徒刑或者拘役。

二、公司存续过程中的法律责任

（一）公司募集资金中的行政责任

1. 制作虚假的招股说明书、认股书、公司债券募集办法发行股票或者公司债券的，责令停止发行，退还所募资金及其利息，处以非法募集资金金额1%以上5%以下的罚款。

2. 未经国务院证券管理部门批准，擅自发行股票或者公司债券的，责令停止发行，退还所募资金及其利息，处以非法所募资金金额1%以上10%以下的罚款。

（二）公司财会管理中的行政责任

1. 在法定的会计账册以外另立会计账册的，责令改正，处以1万元以上10万元以下的罚款。

2. 公司资产以个人名义开立账户存储的，没收违法所得，并处以违法所得1倍以上5倍以下的罚款。

3. 公司向股东和社会公众提供虚假的或者隐瞒重要事实的财务会计报告的，对直接负责的主管和其他直接责任人员处以1万元以上10万元以下的罚款。

4. 资产低价折股、低价出售或者无偿分给个人的，对直接负责人的主管人员和其他直接责任人员依法给予行政处分。

5. 未按照法定标准提取法定公积金和法定公益金的，责令如数补足应当提取的金额，并可对公司处以1万元以上10万元以下的罚款。

（三）公司负责人的违法行为及行政责任

1. 董事、监事、经理利用职权收受贿赂、其他非法收入或者侵占公司财产的，没收违法所得，责令退还公司财产，由公司给予处分。

2. 公司资金或者将公司资金借贷给他人的，责令退还公司的资金，由公司给予处分，将其所得收入归公司所有。

3. 董事、经理违反法律规定，以公司资产为本公司的股东或者其他个人债务提供担保的，责令取消担保，并依法承担赔偿责任，将违法提供担保取得的收入归公司所有。情节严重的，由公司给予处分。

4. 董事、经理违反法律规定，自营或者他人经营与其所任职公司同类的营业的，除将其所得收入归公司所有外，并可由公司给予处分。

（四）资产评估、验资或者验证中的行政责任

1. 承担资产评估、验资或者验证中的机构提供虚假证明文件的，没收违法所得，

处以违法所得 1 倍以上 5 倍以下的罚款，并可由有关主管部门依法责令该机构停业，吊销其责任人员的资格证书。

2. 承担资产评估、验资或者验证的机构因过失提供在重大遗漏的报告的，责令改正，情节较重的，处以所得收入 1 倍以上 5 倍以下的罚款，并可由有关主管部门依法责令该机构停业，吊销直接责任人员的资格证书。

（五）公司管理中的违法行为及其行政责任

1. 国务院授权的有关主管部门，对不符合法律规定条件的设立公司的申请予以批准，或者以不符合法定条件的股份发行的申请予以批准，情节严重的，对直接负责的主管人员和其他直接责任人员，依法予以行政处分。

2. 国务院证券管理部门对不符合法定条件的募集股份、股票上市和债券发行的申请予以批准，情节严重的，对直接负责的主管人员和其他直接责任人员，依法给予行政处分。

3. 公司登记主管机关对不符合法定条件的登记申请予以登记，情节严重的，对直接负责的主管人员和其他直接责任人员，依法给予行政处分。

4. 公司登记主管机关的上级部门强令公司登记机关对不符合法定条件的登记申请予以登记的，或者对违法登记进行包庇的，对直接负责的主管人员和其他直接责任人员依法给予行政处分。

（六）非法募集资金罪及其刑事责任

1. 本罪的概念。非法募集资金罪是指在招股说明书、认股书、公司债券募集办法中隐瞒重要事实或者编造虚假内容，发行股票、公司债券，数额巨大、后果严重或者有其他严重情节的行为。（1）本罪在客观方面必须为非法发行股票、公司债券的单位或个人；（2）本罪在客观方面必须有制作虚假文件而发行股票、债券的情节严重行为；（3）在主观方面，行为人必须有欺骗投资者上当受骗的故意。

2. 刑事责任。个人犯本罪的，处 5 年以下有期徒刑或者拘役，并处或者单处非法募集资金金额 1% 以上 5% 以下的罚金。单位犯本罪的，对单位判处罚金，并对其直接负责主管人员和其他直接责任人员，处 5 年以下有期徒刑或者拘役。

（七）虚假财务会计报告罪及刑事责任

1. 本罪的概念。虚假财务会计报告罪是指公司向股东和社会公众提供虚假的或者隐瞒重要事实的财务会计报告，严重损害股东或者其他人利益的行为。（1）本罪的犯罪主体只能是公司中有关的主管人员和直接责任人员；（2）本罪在客观方面必须是向股东和社会公众提供了虚假的或者隐瞒重要事实的财务会计报告，而且严重损害了股东或者其他人权利的行为；（3）本罪只能由故意构成。

2. 刑事责任。犯本罪的，对其直接负责的主管人员和其他直接责任人员，处3年以下有期徒刑或者拘役，并处或者单处2万元以上20万元以下罚金。

（八）挪用资金罪及其刑事责任

1. 本罪的概念。挪用资金罪是公司的工作人员，利用职务上的便利，挪用公司资金归个人使用或者借贷给他人，数额较大、超过3个月未还的，或者未超过3个月，但数额较大、进行营利活动的，或者进行非法活动的行为。（1）本罪的主体是公司中的工作人员；（2）本罪在客观方面必须是利用职务之便，挪用公司资金的严重行为；（3）本罪只能由故意构成。

2. 刑事责任。犯本罪，数额较大、超过3个月未还的，或者虽未超过3个月，但数额较大、进行营利活动的，或者进行非法活动的，处3年以下有期徒刑或者拘役；挪用资金数额巨大的，或者数额较大不退还的，处3年以上10年以下有期徒刑。

（九）擅自发行股票、公司债券罪及其刑事责任

1. 本罪的概念。擅自发行股票、公司债券罪是指未经国家有关主管部门批准，擅自发行股票或者公司债券，数额巨大、后果严重或者有其他严重情节的行为。（1）本罪的主体既可以是个人，也可以是单位；（2）本罪在客观方面必须是未经批准而擅自发行股票、公司债券且情节严重的行为；（3）本罪的主观目的是为了非法募集资金。

2. 刑事责任。个人犯本罪的，处5年以下有期徒刑或者拘役，并处或者单处非法募集资金金额1%以上5%以下罚金。单位犯本罪的，判处罚金，并对其直接负责的主管人员和其他直接责任人员，处5年以下有期徒刑或者拘役。

（十）商业受贿罪及其刑事责任

1. 本罪的概念。商业受贿罪是指公司的工作人员利用职务上的便利，索取他人财物或者非法收受他人财物，为他人谋取利益，数额较大的行为。（1）本罪的主体为公司的工作人员，即董事、监事、经理或者其他工作人员；（2）本罪在客观方面必须是利用职务上的便利，收受贿赂或者索取贿赂，数额较大的行为；（3）本罪只能由故意构成。

2. 刑事责任。犯本罪，数额较大的（5000元至2万元以上），处5年以下有期徒刑或者拘役；数额巨大的（10万元以上），处5年以上有期徒刑，可以并处没收财产。公司中的工作人员在经济往来中，违反国家规定，收受各种名义的回扣、手续费，归个人所有的，依照前述规定处罚。

（十一）商业贿赂罪及其刑事责任

1. 本罪的概念。商业贿赂罪与商业受贿罪是相对应的犯罪，具体指为谋取不正当利益，给予公司的工作人员以财物，数额较大的行为。（1）本罪的主体既可以是个

人，也可以是单位；（2）本罪在客观方面必须是为谋取不正当利益而进行商业行贿的严重行为；（3）本罪只能由故意构成。

2. 刑事责任。个人犯本罪，数额较大的，处3年以下有期徒刑或者拘役；数额巨大的，处3年以上10年以下有期徒刑，并处罚金。单位犯本罪的，判处罚金，并对其直接负责的主管人员和其他直接责任人员，依照前述规定处罚。

（十二）职务侵占罪及其刑事责任

1. 本罪的概念。职务侵占罪是指公司的工作人员，利用职务上的便利，将本公司的财物非法占为己有，数额较大的行为。（1）本罪的主体只能是个人；（2）本罪在客观方面必须是将本公司财物通过秘密窃取、虚构事实或者隐瞒真相或者其他方法，非法侵吞的严重行为；（3）本罪在主观上必须以非法占有公司财物为目的。

2. 刑事责任。犯本罪，数额较大的（5000元至2万元以上），处5年以下有期徒刑或者拘役；数额巨大的（10万元以上），处5年以上有期徒刑，可以并处没收财产。

三、公司变更、终止过程中的法律责任

（一）公司清算组成员的赔偿责任

股份有限公司终止清算时，清算组的成员应当忠于职守，依法履行清算义务。清算组成员不得利用职权收受贿赂或者其他非法收入，不得侵占公司财产。为了确保清算工作的顺利进行，防止清算组成员滥用职权、徇私舞弊。《公司法》第一百九十条规定："清算组成员应当忠于职守，依法履行清算义务。清算组成员不得利用职权收受贿赂或者其他非法收入，不得侵占公司财产。清算组成员因故意或者重大过失给公司或者债权人造成损失的，应当承担赔偿责任。"

（二）公司变更、清算中的行政责任

1. 公司在合并、分立、减少注册资本或者进行清算时，不按法定要求通知或者公告债权人的，责令改正，对公司处以1万元以上10万元以下的罚款。

2. 在进行清算时，隐匿财产，对资产债表或者财产清单做虚伪记载或者未清偿债务前分配公司财产的，责令改正，对公司处以隐匿财产或者未清偿债务前分配公司财产金额1%以上5%以下的罚款。对直接负责的主管人员和其他直接责任人员处以1万元以上10万元以下的罚款。

3. 清算组不按照规定向公司登记机关报送清算报告，或者报送清算报告隐瞒重要事实或者有重大遗漏的，责令改正。

4. 清算组成员利用职权徇私舞弊，谋取非法收入或者侵占公司财产的，责令退还

公司财产，没收违法所得，并可处以违法所得 1 倍以上 5 倍以下的罚款。

（三）清算欺诈罪及其刑事责任

1. 本罪的概念。清算欺诈罪是指公司进行清算时，隐匿财产，对资产负债或者财产清单做虚伪记载或者在未清偿债务前分配公司财产，严重损害债权人或者其他人利益的行为。(1) 本罪的主体是公司中有关的主管人员和直接责任人员；(2) 本罪在客观方面必须是在清算时，隐匿财产或者在未清偿债务前分配公司财产，严重损害他人利益的行为；(3) 本罪行为人的主观目的是为了逃避债务或者获取不法之财。

2. 刑事责任。犯本罪的，对其直接负责的主管人员和其他直接责任人员，处 5 年以下有期徒刑或者拘役，并处或者单处 2 万元以上 20 万元以下罚金。

主要参考书目

1. 徐晓松. 公司法. 中国政法大学出版社，2002.
2. 王宝树，崔勤之. 中国公司法原理. 社会科学文献出版社，2006.
3. 孙彬，王燕军. 公司法. 中国检察出版社，2006.
4. 薄燕娜. 股东出资形式法律制度研究. 法律出版社，2005.
5. 法苑精粹编辑委员会. 中国商法学精粹（2002 年卷）. 机械工业出版社，2002.
6. 赵万一. 公司治理法律问题研究. 法律出版社，2004.
7. 陈丽杰. 新公司法详论. 经济科学出版社，2005.
8. 赵旭东. 新公司法讲义. 人民法院出版社，2005.
9. 江平，李国光. 最新公司法培训教程. 人民法院出版社，2006.
10. 王卫国. 商法. 中央广播电视大学出版社，2008.
11. 范健，王建文. 公司法. 法律出版社，2011.
12. 刘俊海. 公司法学. 北京大学出版社，2008.
13. 百度百科. 有关公司法的法律术语词条解释内容.